Hans-Paul Riemann

Zukunft gestalten: Gegen den Strom!

© 2021 Hans-Paul Riemann

Lektorat: Bärbel Giese, Ursula Rödner-Delling, Heinfred Kübler

Verlag und Druck: tredition GmbH, Halenreie 42, 22359 Hamburg

ISBN 978-3-347-31938-7 978-3-347-31939-4 978-3-347-31940-0

Bibliografische Information der Deutschen Nationalbibliothek: Die Deutsche Nationalbibliothek verzeichnet diese Publikation in der Deutschen Nationalbibliografie; detaillierte bibliografische Daten sind im Internet über http://dnb.d-nb.de abrufbar.

Inhaltsverzeichnis

Überblick

Was uns derzeit umtreibt ist zum Einen die Corona-Pandemie und zum Anderen der Kllmawandel und die Zerstörung unserer Umwelt. Um diesen Herausforderungen erfolgreich begegnen zu können, ist ein ganz anderes Management erforderlich, als es derzeit ersichtlich zur Anwendung kommt. Wir haben es mit divergierenden Interessen zu tun, mit Nutznießern und Verlierern, mit Regierungen und Völkern, mit unterschiedlichen Kulturen, mit einer hochkomplexen Gemengelage. Ich nehme den Umgang der Regierung mit Corona als negatives Beispiel, um zu erläutern, wie man vorgehen müsste, um den Klimawandel in den Griff zu bekommen. Man muß nicht nur wissen, was zu tun ist, sondern mehr noch wie es zu tun ist. Meine Vorschläge basieren auf einer Methode, die Mitte der 70-er Jahre des vergangenen Jahrhunderts in Amerika entwickelt wurde und um das Jahr 1980 für die deutsche Entwicklungshilfe adaptiert wurde.

Unser Wirtschaftssystem ist auf Konsum und Wachstum ausgelegt. Beinahe jeder ökologisch sinnvolle Änderungsvorschlag wird mit dem Argument zu Fall gebracht, das koste Arbeitsplätze. Wenn wir vom Konsum- und Wachstums-Mantra abrücken wollen, dann müssen wir die Arbeit von der Lohn- und Einkommensteuer befreien. Zusätzlich - um die negativen Folgen von Arbeitslosigkeit abzufedern - müssen wir für alle Bürger ein bedingungsloses Grundeinkommen einführen. Dafür muss der Konsum sehr hoch besteuert werden.

Die hier beschriebenen Vorschläge sind als Denkanstöße zu verstehen, um die Menschen nachhaltig zur Umkehr von der Verschwendung zur Sparsamkeit zu bewegen.

Einleitung

Jedes Volk lebt in einem bestimmten Gesellschaftssystem mit eigenen Wertvorstellungen und Gesetzen, die ein bestimmtes Verhalten der Menschen in der Gesellschaft generieren. Das Gesellschaftssystem ist so zu sagen allumfassend. Es beinhaltet die politische Verfassung, das Wirtschaftssystem und diverse Subsysteme wie das Bildungssystem, das Gesundheitssystem, das Sozialsystem, das Verkehrssystem und andere. Die Umwelt als vom Menschen gefährdetes System ist erst in den letzten 50 Jahren in den Fokus gerückt. Umweltverschmutzung, Umweltzerstörung, das Insektensterben und menschengemachter Klimawandel sind zu Themen geworden, die vielen Menschen Angst machen.

Unsere Gesellschaft steht vor tiefgreifenden Herausforderungen: Verknappung der Arbeitsplätze, Umweltzerstörung, Klimawandel, Bevölkerungswachstum und Flüchtlingsströme. Zu allem Überfluss kommt neuerdings noch die Corona-Krise hinzu. Ein Ansatzpunkt zur Einflussnahme auf den Klimawandel liegt in unserem Konsumverhalten und in unserer Wegwerfmentalität. Beides ist eng gekoppelt mit der Bedeutung, die in unserer hoch industrialisierten Gesellschaft der Arbeit zugemessen wird. Jegliche Produktion von technischen Geräten bedeutet einen Eingriff in die Natur. Rohstoffe werden unter Einsatz von viel fossiler Energie abgebaut, Energie wird benötigt, um aus den Rohstoffen brauchbare Produkte zu machen, und vielfach wie z. B. bei der Lebensmittelproduktion kommt noch Chemie zum Einsatz. Die Herstellung technischer Geräte schadet also der Umwelt und dem Klima, schafft und erhält aber viele Arbeitsplätze. Überspitzt könnte man sagen: "Wir müssen die Umwelt zerstören, sonst geht uns die Arbeit aus". Um diesen Effekt abzumildern, werden zwei Systemänderungen vorgeschlagen: Die Befreiung der Arbeit von der Steuer und die Einführung eines bedingungslosen Grundeinkommens. Das bedeutet einen tiefen Eingriff in unser Wirtschaftssystem. Bevor man so etwas beschließt, muß antizipiert werden, wie sich die Menschen in dem geänderten System verhalten werden. Dies ist ein Schwerpunkt der vorliegenden Ausarbeitung. Und noch etwas: Die Realisierung der Vorschläge ist ein großes Projekt. Projekte sind nach den Regeln des Projektmanagement abzuwickeln. Eine Grundregel bezieht sich auf das schrittweise Vorgehen. Die Projektphasen folgen der Logik: Wunsch - Ziel - Plan - Handlung. Ich sehe mich mit meinen Vorschlägen und Argumenten in der Wunsch-Phase. ich will einen Beitrag dazu leisten, den Wunsch für eine Systemänderung in unserer Gesellschaft zu verfestigen. Denn wenn der Wunsch stark genug ist, findet man auch einen Weg. Und angesichts der Größe der Aufgabe behalte ich folgende Empfehlung im Hinterkopf: Man möge ändern, was man ändern kann, man möge hinnehmen, was man nicht ändern kann, und man möge Gott bitten, dass er einem die Weisheit gebe, das Eine vom Anderen unterscheiden zu können.

Über Systeme und Komplexität

Deutschland wie auch die anderen Industrieländer sind zu großem Wohlstand gekommen. Die Quelle dieses Wohlstands liegt in der Nutzung der fossilen Energie-Ressourcen. Wenn Kohle, Öl und Gas nicht entdeckt worden wären, dann hätte auch der im christlichen Abendland nach der Aufklärung aufkommende Erfindergeist keine Industrialisierung zustande gebracht. Man müsste heute noch - wie in der Antike - mit Muskelkraft Waren transportieren, Bauwerke erstellen und Nahrungsmittel produzieren. Erst die Nutzung der fossilen Energieträger hat es möglich gemacht, dass wir heute über (fast) alles im Überfluss verfügen. Bei der Gewinnung dieser Energie wird CO_2 freigesetzt, was zu einer Veränderung der Luftzusammensetzung und damit zu einer Veränderung des Klimas führt. Längst leben wir auf Kosten der Umwelt. Das ist das Problem.

Im Zuge der Industrialisierung, die seit etwa 200 Jahren im Gange ist, hat sich das Trachten der Menschen darauf gerichtet, immer mehr Produkte zu einem immer geringeren Preis herzustellen und damit immer mehr Geld zu verdienen. Durch den Einfluss der Arbeitnehmervertreter haben sich die Löhne permanent erhöht. Im Gegenzug haben die Arbeitgeber immer mehr Arbeitsplätze mit Maschinen statt mit Menschen besetzt. So konnte in kürzerer Zeit noch mehr produziert werden. Über den Eigenbedarf hinaus werden die Produkte in andere Länder exportiert. Der Fortschrittsglaube und das Mantra vom ewigen Wachstum sind Ursachen des Problems.

Die Arbeit als Grundlage unserer Existenz darf nicht ausgehen. Der Staat besteuert die Arbeit und finanziert damit etwa ein Drittel seiner Ausgaben. Das ist die eine Seite der Betrachtung. Auf der anderen Seite werden viele

Arbeitsplätze ins Ausland verlagert, wo die Lohnkosten geringer sind. Das ist ein Dilemma.

Das Problem ist allseits bekannt und viel diskutiert. Aber eine Lösung ist nicht einmal im Ansatz erkennbar. Immer, wenn etwas verändert werden soll, verhalten die Betroffenen sich nach dem Motto: *Wasch mir den Pelz aber mach mich nicht nass.* Ich werde mich ganzheitlich mit der Frage beschäftigen, in wie weit man die Umweltverschmutzung, den Anstieg der Meere und den Anstieg der globalen Durchschnittstemperatur beeinflussen kann. Wenn man sich den öffentlichen Diskurs zu diesem Thema anschaut, dann ist zu erkennen, dass hier total divergierende Interessen, viel Naivität, Wunschdenken, Verlogenheit und Frustration am Werk sind. Die Einen stellen in Abrede, dass der Klimawandel menschengemacht sei. Andere reagieren hysterisch und fordern Verbote. Die Jugend geht mit Appellen auf die Straße, und die Industrie warnt vor dem Verlust von Arbeitsplätzen. Keiner will auf die Bequemlichkeiten, die die moderne Konsumgesellschaft bietet, verzichten. Die Politik hat es schwer und versucht durch Verteilung von Geld das Thema vor dem Überkochen zu bewahren. Statt in die Zukunft zu schauen und die Risiken und Nebenwirkungen abzuwägen, übt man sich in Aktionismus und Populismus. Dieses Verhalten ist im Privatleben, in der Lokalpolitik und in der großen Politik zu beobachten. Hätten die Amerikaner sich militärisch in Vietnam, Afghanistan und im Irak engagiert, wenn sie vorab die Risiken und Nebenwirkungen berücksichtigt hätten?

Wir leben in Systemen, wir sind umgeben von Systemen, ja jeder ist selbst ein System. Systeme sind lebendig, dynamisch. Sie funktionieren nach den Prinzipien von Ursache und Wirkung. Diese Weltsicht ist den wenigsten Menschen geläufig. Sie denken statisch, mechanistisch, bürokratisch. Sie denken selten an die Folgen, an die Risiken und Nebenwirkungen. Dies sei am Beispiel der Organtransplantation erläutert:

Die Medizintechnik ist heute so weit entwickelt, dass man diverse Organe bis hin zum Herzen von einem Körper in einen anderen verpflanzen und somit Leben retten kann. Leider ist der Bedarf an Transplantationen viel größer als das Angebot an Organen. Der Gesundheitsminister überlegt nun, jeden Menschen als Organspender zu betrachten, um nach seinem Hirntot frei über seine Organe verfügen zu können, es sei denn, dieser Mensch oder seine Angehörigen hätten sich dagegen ausgesprochen. Die Sicht der Politiker und des Publikums ist hierbei nur auf zwei Aspekte gerichtet: Dem todgeweihten Spender kann es egal sein, ob seine Organe verfaulen oder rechtzeitig einem guten Zweck zugeführt werden, und dem Empfänger wird geholfen, was per se ein guter Zweck ist. Bei einer ganzheitlichen, systemischen Sicht steht die Nachhaltigkeit im Fokus. Dabei spielen zunächst die zu erwartenden Anreize eine vorrangige Rolle: Wenn die Nachfrage erheblich größer ist als das Angebot, dann ist mit Beschaffungskriminalität zu rechnen. Das fängt beim Feststellen des Hirntodes an; denn das ist ja so zu sagen nur der halbe Tod, der Blutkreislauf muß noch funktionieren, sonst sind die zu entnehmenden Organe unbrauchbar. Es ist also ein Vorteil für das System, wenn der Hirntot bescheinigt werden kann. So viele Hirntote gibt es aber gar nicht. Also macht man sich auf die Suche nach lebendigen Spendern. Man hat schon gehört von Bettelkindern in Indien, denen man für 3.000 € eine Niere abkaufte, um sie dann in Europa einem Patienten für 80.000 € zu verkaufen. Der Mensch wird so vom Geschöpf zum Ersatzteillager degradiert, mit dem man viel Geld verdienen kann. Das sind die Nebenwirkungen der Organtransplantation. Die Risiken werden erkennbar, wenn man die Frage stellt, warum eigentlich dieser oder jener Mensch ein neues Organ braucht. Liegt es an seinen Gewohnheiten, an seinem Umfeld, dass sein Organ verbraucht wurde? Dann wird ein neues Organ auch nicht lange halten. Ein weiteres Risiko liegt in den Abwehrkräften des Empfänger-Körpers. Ist für ihn das Weiterleben ein Gewinn oder eher eine Qual? Nur wenn ich daran glaube, dass die Nebenwirkungen beherrschbar und die Risiken gering sind, kann ich das Vorhaben des Gesundheitsministers unterstützen.

Um die möglichen Entwicklungen, die vielfältigen Wirkungen und Wechselwirkungen im Leben zu verstehen, kann man sich der Methode bedienen, alles in Systeme einzuordnen. Systeme sind virtuelle, hypothetische Gebilde. Es ist allein mir überlassen, was ich als System eingrenze. Ein Richtig oder Falsch gibt es nicht. Was allein zählt, ist die Zweckmäßigkeit. Ich muss also den Zweck kennen, den ich mit der Definition eines Systems erreichen will. Systeme sind hierarchisch organisiert. Jedes System ist Teil eines höheren Systems, es muß dem höheren System einen Nutzen bringen. Wenn das nicht gewährleistet ist, wird es untergehen. Es kann untergliedert werden in Komponenten, wobei ich jede Komponente auch wieder als ein System sehen kann. Die kleinste Einheit in einem System ist das Element, das ich für meine Betrachtung nicht weiter untergliedern muss. Alle Teile eines Systems stehen irgendwie in Beziehung zueinander, sie tauschen Informationen aus und reagieren auf Informationen. Und alle Systeme wollen wachsen. Wenn diesem Wachstumsdrang nichts entgegensteht, dann wird es problematisch. Nehmen wir als Beispiel unsere Wirtschaft. Das Wirtschaftssystem, in unserem Fall die soziale Marktwirtschaft, ist Teil unseres Gesellschaftssystems, in unserem Fall der Demokratie. Das Wirtschaftssystem hat die Aufgabe, möglichst allen Menschen in unserem Staat zu Arbeit und Brot zu verhelfen. Man sagt, die Wirtschaft müsse wachsen, sonst könne sie dieses Ziel nicht erreichen. Und sie wächst von Jahr zu Jahr. Längst leben wir in einer Überflussgesellschaft. Der Überfluss, den wir selbst nicht verbrauchen können, wird exportiert. Das reicht aber nicht. Die Überflussgesellschaft entwickelt sich weiter zu einer Wegwerfgesellschaft. Manches wird mit Hilfe von viel Werbung verkauft, aber nie benutzt. Manches kann nicht verkauft werden und wird deshalb vernichtet. Hauptsache, den Menschen geht die Arbeit nicht aus. So ist unser Wirtschaftssystem beschaffen. Es gibt derzeit keinen Selbstregelungsmechanismus, der das Wachstum begrenzen würde. Die scheinbar unbegrenzte Verfügbarkeit von fossilen Energieressourcen macht es möglich. Wo soll das hinführen? Erst wenn die fossilen Energieträger zur Neige gehen, wird es auch mit dem überbordenden Konsum ein Ende haben. Aber das liegt noch in weiter Ferne. Die Versorgung der Menschen mit Arbeit wird immer schwieriger. Das hat damit zu tun, dass die Effizienz bei der Herstellung von Produkten das oberste Gebot darstellt. Immer mehr Produkte werden mit immer weniger Arbeitseinsatz erzeugt. Firmen, die dies nicht berücksichtigen, verschwinden vom Markt.

Systeme sind sehr stabil. Sie wachsen, sie ändern sich, sie passen sich an. Aber sie brechen nicht unvermittelt zusammen. Das geschieht erst, wenn sie einen so genannten Kipppunkt erreichen. Wenn sie zusammenbrechen, dann geht dem meist ein langer schädlicher Prozess voraus. Die Zahlungsunfähigkeit einer Firma - ausgelöst durch die Weigerung der Banken, einen neuen Kredit zu bewilligen - wäre ein Kipppunkt. Manche Menschen nehmen über lange Zeiträume Schmerzmittel zu sich. Sie fühlen sich gut, bis irgendwann die Nieren kaputt sind. Das Nierenversagen ist ebenfalls ein Kipppunkt. Die Klima-Veränderung aufgrund der Verbrennung von Öl und Kohle ist kein Kipppunkt; denn man kann diese Veränderungen ja beobachten, es sind Begleiterscheinungen. Wenn die Polkappen abschmelzen und plötzlich der Golfstrom aufhört zu existieren, dann wäre das ein Kipppunkt. Der Golfstrom sorgt dafür, dass wir in Mitteleuropa ein gemäßigtes Klima haben. Das würde sich schlagartig und irreversibel ändern, wenn der Golfstrom ausfällt. Ein Kipppunkt ist also so etwas wie der irreversible Untergang eines Systems, der Untergang des

Golfstroms, das Versagen der Nierenfunktion im menschlichen Körper oder die Zahlungsunfähigkeit eines Unternehmens. Die Einflussgrößen, die dies bewirken, sind vielfältig und hoch komplex. Wann ein Kipppunkt erreicht wird, lässt sich kaum vorhersagen, ähnlich wie der Ausbruch eines Vulkans.

Wenn die Gemengelage sehr komplex ist, die Entscheidungsträger zerstritten und nicht kompromissbereit sind und einer allein, auch wenn er noch so mächtig ist, nichts ausrichten kann, dann ist es besser, abzuwarten und zu beobachten, wie sich die Gemengelage entwickelt. Dies war wohl auch das Rezept unserer Bundeskanzlerin Angela Merkel, die wegen ihrer angeblichen Untätigkeit oft gescholten wurde. Ich sehe darin ein kluges Verhalten; denn alles Andere läuft doch nur auf unsinnigen Aktionismus hinaus. Die Chinesen haben für diese Art des Nicht-Handelns den Begriff Wu Wei. In Wikipedia kann man darüber folgendes nachlesen:

Der Begriff Wu Wei begründet sich aus der daoistischen Auffassung vom Dao, dem umfassenden Ursprung und Wirkprinzip, das die Ordnung und Wandlung der Dinge bewirkt, so dass es nicht weise wäre, in das Walten dieses Prinzips einzugreifen. Die letzte Wahrheit ist gemäß dieser Lehre eins und handelt spontan, ohne dass der Geist des Menschen in sie eingreifen müsste. Die Rückkehr zum Ursprung kann nur erfolgen, wenn das dualistische Denken aufgegeben wird und die Handlungen natürlich und spontan erfolgen. Wu Wei bedeutet nicht, dass man gar nicht handelt, sondern dass die Handlungen spontan in Einklang mit dem Dao entstehen. Dadurch wird das Notwendige leicht und mühelos getan und sowohl Übereifer, als auch blinder Aktionismus (die als hinderlich betrachtet werden) vermieden. Es ist ein Zustand der inneren Stille, der zur richtigen Zeit die richtige Handlung ohne Anstrengung des Willens hervortreten lässt. Das Vollkommene wird im Daoismus als leer, weich und spontan gedacht und entspre-

chend sollte auch das Handeln sein, d. h. ohne ein Eingrei-
fen des dualistischen Intellekts, sich der Situation anpas-
send und intuitiv. Das vollkommene Handeln erkennt intui-
tiv das beste Mittel und es erscheint als sinnlos, seine En-
ergie in unfruchtbaren Handlungen um der Handlung willen
zu erschöpfen, sondern das Handeln sollte sich auf die ge-
eigneten Umstände und Mittel beschränken. Die beste
Übersetzung des Begriffes Wu Wei wäre somit „Nicht-Ein-
greifen", „tätiges Nichthandeln" bzw. „Handeln durch
Nicht-Handeln", und es handelt sich um eine Art von krea-
tiver Passivität. Aus dieser Haltung des Geschehenlassens
resultieren auch Gewaltlosigkeit und Widerstandslosigkeit
als natürliche Folge.

Die Maßnahmen unserer Regierung zur Eindämmung der Corona-Pandemie können als Beispiel für Aktionismus und verfehltes Projektmanagement gesehen werden. Es zeigt, wie schwer es den Politikern fällt, sachgerecht und zielgerichtet mit Problemen umzugehen. Das sei im Folgenden näher untersucht: Es begann mit der Bekanntgabe der Welt-Gesundheitsorganisation (WHO), dass es sich bei Corona um eine Pandemie handele. Ich betrachte hier beispielhaft die Beseitigung der Pandemie als Projekt. Das Projekt ist beendet, wenn man das Virus fest im Griff hat und es für die Bevölkerung keine große Gefahr mehr darstellt. Dieser Zustand ist in verschiedenen Ländern Asiens bereits erreicht. Zu Beginn des Projektes hätte man sich zuerst einmal auf eine Strategie im Umgang mit dieser Pandemie einigen sollen. Drei unterschiedliche Strategien bieten sich an:

A) Der Staat übernimmt die Verantwortung für die Gesundheit seiner Bürger. Die Bürger müssen machen, was die Regierung ihnen vorgibt. Ziel der Regierung ist es, die Zahl der Erkrankungen so niedrig zu halten, dass die Krankenhäuser nicht überlastet werden. Das gesellschaftliche Leben wird weitgehend stillgelegt.

B) Die Verantwortung für ihre Gesundheit verbleibt bei den Bürgern. Die Regierung informiert die Bürger laufend über Risiken und Nebenwirkungen des Corona-Virus. Ziel der Regierung ist es, die Wirtschaft und das gesellschaftliche Leben weitgehend aufrecht zu erhalten.

C) Der Staat kümmert sich nicht um die Pandemie. Er betrachtet die Pandemie als eine Laune der Natur, die sich von allein totläuft. Es wird in Kauf genommen, dass viele Menschen mit schwachem Immunsystem sterben werden, bis eine Herden-Immunität erreicht ist.

Bevor man sich für eine Strategie entscheidet, sollte man die Akteure dieses Projektes unter die Lupe nehmen, ihre Interessen und wie sie sich voraussichtlich verhalten werden. Da sind zunächst einmal die nationalen Einrichtungen auf dem Gebiet der Krankheitsüberwachung und Krankheitsprävention mit ihren Virologen und nachgeschalteten Gesundheitsämtern. Diese Institutionen und Ämter führen normalerweise eher ein Dornröschen-Dasein, erhalten aber in einer Pandemie eine ungeheure öffentliche Aufmerksamkeit und Macht. Sie empfehlen Maßnahmen zur Bekämpfung der Pandemie und überwachen die von der Politik ergriffenen Maßnahmen. Sie sind plötzlich sehr wichtig. Ihre Empfehlungen werden darauf ausgerichtet sein, dass alles getan wird, um eine Ansteckung mit dem Virus zu vermeiden. Dazu gehören Kontaktbeschränkungen, Ausgangssperren und ähnliches. Welche Risiken und Nebenwirkungen damit verbunden sind, wird sie weniger interessieren.

Dann sind da die Politiker, angefangen bei der Bundeskanzlerin und ihrem Gesundheitsminister, über die Ministerpräsidenten der Länder und deren Gesundheitsminister bis hin zum Bürgermeister in der Stadt. Die Politiker denken üblicherweise in juristischen Kategorien, sie sind gewohnt, Gesetze und Verordnungen zu erlassen und ihr

Handeln juristisch abzusichern. Sie sind geneigt, die Empfehlungen der Virologen zu übernehmen, um nicht selbst die Verantwortung tragen zu müssen. Den Politikern bietet solch eine Pandemie die Möglichkeit, für alle sichtbar zu regieren, mit Verordnungen und unter Umgehung demokratischer Spielregeln. Von Projektmanagement verstehen sie zumeist nichts. Sie wollen wiedergewählt werden.

Ein ganz wichtiger Akteur ist der medizintechnische Komplex. Das ist meine Bezeichnung für die Gesamtheit derer, die an unserem Gesundheitssystem Geld verdienen. In einer Pandemie sind das vor allem die Krankenhäuser, die Pharmaindustrie und die Hersteller medizintechnischer Produkte. Für sie ist eine Pandemie so etwas, wie für den Hochseefischer ein Heringsschwarm.

Dann haben wir die Medien, die über den Verlauf der Ereignisse berichten. Auch für sie ist die Pandemie ein gefundenes Fressen. Sie gestalten die Grundstimmung in der Bevölkerung, erzeugen Angst, Empörung und andere Gefühle. Ihre Berichterstattung über die Situation in Bergamo zu Beginn der Pandemie war ein Paukenschlag.

Schließlich ist da die Bevölkerung, die vor Schäden durch die Pandemie geschützt werden möchte, ohne viel dafür tun zu müssen. Die Bevölkerung ist eine amorphe Masse, die nur schwer unter einen Hut zu bringen ist. Jeder Mensch wird sich am eigenen Nutzen orientieren und der ist individuell. Und wenn man der Bevölkerung etwas als Nutzen verkauft, der aber dann nicht eintritt, dann ist es mit der Gefolgschaft schnell zu Ende.

Um ein zielführendes Vorgehen festlegen zu können, hier noch einige Informationen, die in den Medien schon frühzeitig veröffentlicht wurden:
- Um das Virus besiegen zu können, müsse eine Herden-Immunität hergestellt werden. Dies sei erreicht, wenn etwa 70 % der Bevölkerung immun sind, das wären in Deutschland 57,4 Mio. Menschen.

- Häufig werden Menschen infiziert, ohne dass sie davon etwas merken. Sie können aber das Virus weiterverbreiten.
- Zwei von drei Menschen, die künstlich beatmet werden, würden diese Prozedur nicht überleben. Und die sie überleben, seien danach zumeist dauerhaft geschädigt bzw. Pflegefälle.
- Die Belegungsdauer eines Bettes mit künstlicher Beatmung kann mehrere Wochen pro Patient in Anspruch nehmen.
- Jährlich sterben mehr als 20.000 Menschen an Grippe, 30.000 an Krankenhauskeimen und 340.000 an Herz-Kreislauf-Erkrankungen, ohne dass der Staat dafür eine Verantwortung übernimmt.

So weit bekannt, wurde weder eine Zielanalyse noch eine Beteiligtenanalyse durchgeführt. Als mündiger Bürger in einer Demokratie hätte ich erwartet, dass auf gar keinen Fall die Strategie A zur Anwendung kommen würde. Aber genau das ist geschehen, wenngleich man es anders genannt hat. Man hat keinen strategischen sondern einen ideologischen Ansatz gewählt, der da lautet: Das Leben der Schwächsten retten. Die Schwächsten, das waren die Menschen in Alten- und Pflegeheimen, über 80 Jahre alt und mit Vorerkrankungen. Und die Politiker, die keine Ahnung von zielorientierter Projektplanung und Ablaufprozessen mit Risiken und Nebenwirkungen haben, haben die Steuerung des Vorhabens in die Hand genommen, ähnlich wie es schon beim Bau des Berliner Flughafens gemacht wurde. Man hätte für die Bekämpfung der Pandemie besser ein Arbeitsteam gebildet, mit einem Prozess-erfahrenen Manager als Leiter, mit Virologen, einem Medien-Manager, Vertretern des medizintechnischen Komplexes und den gesundheitspolitischen Sprechern der verschiedenen Parteien. Dieses Team hätte rechtzeitig eine Strategie ausgearbeitet und die erforderlichen Maßnahmen vorbereitet. Es wäre als Stabsstelle der Regierung über die gesamte

Projektlaufzeit im Einsatz gewesen und nicht nur ein Mal alle paar Wochen. Ihre Ergebnisse hätte das Team der Regierung zur Entscheidung vorgelegt. Die Regierung wäre damit von Detailarbeit befreit gewesen.

Die Strategie B entspricht dem, was die Schweden gemacht haben. Strategie C wurde von Brasilien verfolgt. Das vorgeschlagene Team hätte vor einer Festlegung alle drei Strategien möglichst vorurteilsfrei und sachlich miteinander verglichen hinsichtlich des zu erwartenden Schadens. Der Schaden wird gemessen an der Zahl der Toten und der dauerhaft Geschädigten, an der Höhe der Einbußen, die einzelne Wirtschaftszweige hinnehmen müssen und an den Beeinträchtigungen, die die Bevölkerung zu ertragen hat. Letzteres ist besonders wichtig, da die Bevölkerung an der Bekämpfung des Virus mitarbeiten muss und somit eine Wechselwirkung besteht zwischen den beschlossenen Maßnahmen und dem Verhalten der Bevölkerung. Wenn die Verantwortung für seine Gesundheit beim einzelnen Bürger liegt, dann wird er sich hinsichtlich der getroffenen Maßnahmen anders verhalten, als wenn der Staat ihn zwingt, dieses oder jenes zu tun, was der Betroffene im Einzelfall als völlig unsinnig betrachten mag. Dann muß man auch mit einem Trotzverhalten rechnen, wie es in dem Kinderspruch zum Ausdruck kommt: *Geschieht meiner Mutter ganz recht, wenn mir die Hände abfrieren, warum kauft sie mir keine Handschuhe.*

Es wurde also Strategie A gewählt, so wie es auch die Chinesen gemacht haben. Aber China hat als Diktatur ganz andere Möglichkeiten, seine Bürger zu disziplinieren. Und China verfügt über effektive digitale Hilfsmittel, bei denen der Datenschutz keine Rolle spielt. Also warum hat man nicht das schwedische Modell gewählt? Von einer Herden-Immunität sind wir meilenweit entfernt. Es wird darauf hinaus laufen, dass wir ungewollt am Ende die Kosten der Strategie A zu tragen haben und zugleich die Verluste an Menschenleben der Strategie C in Kauf nehmen müssen.

Das entspricht der Erfahrung, dass selten etwas Gescheites dabei herauskommt, wenn der Mensch in seinem Wahn, alles unter Kontrolle haben zu müssen, in hochkomplexe Systeme eingreift. Unter diesem Blickwinkel ist die Äußerung eines Lokalpolitikers, man würde einen unverhältnismäßig hohen Aufwand treiben, um Menschen vor einer Ansteckung zu bewahren, die in kurzer Zeit so wie so sterben würden, verständlich. Warum kam man überhaupt auf den Gedanken, alles für das Überleben der Alten zu tun? Jetzt befinden wir uns im Jahr 2021 und erkennen, dass die Hauptleidtragenden die Kinder sind, die sich nicht frei bewegen können und durch die Lockdown-Maßnahmen in ihrer Entwicklung behindert sind, mit langfristigen Folgen. Die Maßnahmen, die der Staat ergriffen hat, haben den Bürgern einen unermesslichen Schaden gebracht. Dieses Beispiel zeigt, dass in unserer immer komplexer werdenden Welt Probleme nicht mehr "par ordre du mufti" gelöst werden können. Vielmehr sind hochentwickelte Management-Methoden erforderlich.

Anfang April erschien in der Neuen Zürcher Zeitung ein Artikel von Michael Esfeld, Professor für Philosophie an der Universität Lausanne, Mitglied der Leopoldina und Mitglied im akademischen Beirat des Liberalen Instituts, den ich hier zitiere. Er bezieht sich auf Karl Poppers 1945 erschienenes politphilosophisches Meisterwerk «Die offene Gesellschaft und ihre Feinde»:

...Popper gemäss sind die intellektuellen Feinde der offenen Gesellschaft diejenigen, die für sich reklamieren, das Wissen um ein gemeinschaftliches Gut zu haben; aufgrund dieses Wissens nehmen sie in Anspruch, die Gesellschaft im Hinblick auf das Gute steuern zu können. Das Wissen berechtigt sie dazu, sich über Grundrechte hinwegzusetzen; denn es geht um das Ziel des menschlichen Daseins. Diese Feinde der offenen Gesellschaft sind durch die Massenmorde entlarvt worden, die sich im 20. Jahrhundert auf dem Weg zur Verwirklichung des angeblich Guten als un-

umgänglich erwiesen. Solche Ideen und ihre politischen Folgen gehören in der Tat der Geschichte an. Dennoch stehen wir wieder vor einer Weichenstellung zwischen offener Gesellschaft und Totalitarismus. Die Wortwahl ist keine Verbalhuberei, sondern präzise: Mit Totalitarismus ist in der Politikwissenschaft eine Herrschaftsform gemeint, in der der Staat im Namen einer höheren Ideologie in alle sozialen Verhältnisse hineinregiert, ohne Grenzen und Schranken. Die heutigen Feinde der offenen Gesellschaft tun dies genauso wie diejenigen, die Popper kritisiert: Man setzt bestimmte Werte absolut, wie Gesundheitsschutz oder Klimaschutz. Eine Allianz aus Experten und Politikern nimmt für sich in Anspruch, das Wissen zu haben, wie man das gesellschaftliche bis hin zum familiären und individuellen Leben steuern muss, um diese Werte zu sichern. Wiederum geht es um ein höheres gesellschaftliches Gut – Gesundheitsschutz, Lebensbedingungen zukünftiger Generationen –, hinter dem individuelle Menschenwürde und Grundrechte ihre Gültigkeit verlieren. Der Mechanismus besteht darin, aktuelle Herausforderungen zum Anlass zu nehmen, existenzielle Krisen herbeizureden – ein Killervirus, das umgeht, eine Klimakrise, welche die Existenzgrundlagen der Menschheit bedroht. Die Angst, die man auf diese Weise schürt, ermöglicht es dann, Akzeptanz dafür zu erhalten, die Grundwerte unseres Zusammenlebens beiseitezuschaffen. Es sind ja nicht Böse, die Böses tun, sondern stets Gute, welche – aus Überzeugung um einen bedrohten, aber existenziell wichtigen Wert –, Dinge tun, die verheerende Folgen haben können. Dieser Mechanismus trifft die offene Gesellschaft ins Mark, weil man ein bekanntes Problem ausspielt, das der Externalitäten. Was ist damit gemeint? Die Freiheit des einen endet dort, wo sie die Freiheit anderer bedroht. Handlungen des einen einschliesslich der Verträge, die er eingeht, haben Auswirkungen auf Dritte, die ausserhalb dieser Beziehungen stehen, deren Freiheit zur Gestaltung ihres Lebens aber durch diese Handlungen beeinträchtigt wird. Das Problem ist, dass man die Externalitäten beliebig weit fassen kann. Die neuen Feinde der offenen Gesellschaft schüren die Angst vor der Ausbreitung einer angeblichen Jahrhundertseuche – aber natürlich kann jede Form physischen Kontakts zur Ausbreitung des Coronavirus beitragen. Sie schüren die Angst vor einer angeblich drohenden Klimakatastrophe – aber natürlich hat jede Handlung Auswirkungen auf die Umwelt und kann zur Veränderung des Klimas beitragen. Mithin soll jeder nachweisen, dass er mit seinem Handeln nicht unabsichtlich zur Ausbreitung eines Virus oder zur Schädigung des Klimas beiträgt – und so weiter. So stellt man alle Menschen unter den Generalverdacht, letztlich mit allem, was sie tun, andere schädigen zu können. Die Weichenstellung, vor der wir stehen, ist somit die zwischen einer offenen Gesellschaft, die jeden bedingungslos als Person anerkennt, und einer geschlossenen Gesellschaft, zu deren sozialem Leben man Zutritt erhält durch ein Zertifikat, wie einen Impfpass oder generell einen sozialen Pass, dessen Bedingungen bestimmte Experten definieren. Genau wie einst die Philosophenkönige Platons, deren Wissensansprüche von Popper entlarvt wurden, haben auch ihre heutigen Nachfahren kein Wissen, das sie in die Position versetzen würde, solche Bedingungen ohne Willkür festzusetzen.

Inzwischen weisen Studien nach, dass Lockdowns keinen statistisch signifikanten Unterschied in der Bekämpfung der Corona-Pandemie machen. Offene Gesellschaften haben Pandemien vergleichbarer Grössenordnung erfolgreich rein medizinisch bekämpft statt mit politischen Repressalien. Das Gleiche gilt für viele der Bedingungen, die zur angeblichen Rettung des Klimas eingefordert werden: Die Fakten zeigen, dass der CO_2-Ausstoss in Industrieländern ohne Energiewende in den letzten zwanzig Jahren prozentual in gleicher Grössenordnung zurückgegangen ist wie in Ländern mit Energiewende. Entscheidend ist technologische Innovation statt staatlicher Bevormundung. Für Wissenschafter und Intellektuelle ist es offenbar schwer einzugestehen, kein normatives Wissen zu haben, das die Steuerung der Gesellschaft ermöglicht. Für Politiker ist es wenig attraktiv, am besten nichts zu tun und das Leben der Menschen seinen Gang gehen zu lassen. Da kommt die Gelegenheit recht, altbekannte, aber in neuer Form auftretende Herausforderungen zu existenziellen Krisen hochzureden. Dann können Wissenschafter sich mit politischen Forderungen, denen durch den angeblichen Notstand keine rechtsstaatlichen Grenzen gesetzt sind, ins Rampenlicht stellen. Politiker können durch wissenschaftliche Legitimation die Macht erhalten, in das Leben der Menschen einzugreifen, die sie auf demokratischem, rechtsstaatlichem Wege nie erlangen könnten. Bereitwillig gesellen sich diejenigen wirtschaftlichen Akteure hinzu, die von dieser Politik profitieren und Risiken ihrer Unternehmungen auf den Steuerzahler abwälzen können. Das Problem ist ein altes. Es wohnt auch dem rein auf Schutz beschränkten Staat inne: Um jeden wirkungsvoll vor Gewalt zu schützen, müsste von jedem zu jeder Zeit der Aufenthaltsort nachweisbar sein; um die Gesundheit von jedem vor Ansteckung durch Viren zu schützen, müssten von jedem zu jeder Zeit die physischen Kontakte kontrollierbar sein. Die Kontrolle kann durch staatliche oder private Stellen erfolgen; das ist letztlich irrelevant. Der Punkt ist der Totalitarismus der allumfassenden Kontrolle, in den auch liberal angelegte Staats- und Gesellschaftsordnungen abgleiten können, wenn man es zulässt, Externalitäten so willkürlich zu definieren, dass am Ende jeder mit seinem Handeln unter dem Generalverdacht steht, andere zu schädigen. Dagegen kann man nur mit einem Menschenbild angehen, das auf Freiheit, Menschenwürde und Grundrechten basiert, die bedingungslos gelten. Das ist das Fundament der offenen Gesellschaft im Sinne Poppers. Von diesem Fundament aus kann man Externalitäten eingrenzen in Form

konkreter und signifikanter Schädigungen der Freiheit an-
derer, welche dann in der Tat äussere Eingriffe in die Le-
bensführung von Personen rechtfertigen. Verlässt man
diese Grundlage hingegen, wird grosser Schaden für die
allermeisten angerichtet und Nutzen nur für die Elite der-
jenigen, welche von den Bedingungen profitieren, die den
Zutritt zur geschlossenen Gesellschaft regeln. Es ist höchs-
te Zeit, dass wir uns der Weichenstellung bewusst werden,
vor der wir stehen. Dazu braucht es einen nüchternen
Blick – und keinen von Angst getriebenen.

Das Menschenbild

Wichtigstes Element eines jeden sozialen Systems ist der Mensch. Um sicherzustellen, dass das System dauerhaft funktioniert, müssen wir eine Vorstellung davon haben, wie sich die Menschen an ihrem Platz, den sie im System einnehmen, verhalten. Das wollen wir im Folgenden untersuchen.

Wir definieren den Menschen als System, bestehend aus den Komponenten Körper, Seele und Geist. Der Geist ist der Herr, der Körper der Knecht und die Seele so etwas wie der Vermittler zwischen den beiden. Der Geist, das ist mein Verständnis von der Welt. Er beinhaltet einen Willen, der bestimmt, was gemacht wird. Die Zusammenarbeit von Geist und Körper sollte für beide Seiten von Nutzen sein. Das ist leider oft nicht so, was man daran sehen kann, wie manch Einer seinen Körper ruiniert mit falscher Ernährung, Konsum von Drogen, zu wenig Bewegung, Übertreibungen beim Sport und beim Bad in der Sonne, Schlafentzug, bis hin zu chirurgischen Eingriffen zur Optimierung der äußeren Erscheinung des Körpers. Der Körper kann das nicht verhindern, er wehrt sich, indem er krank wird. Wenn er Glück hat, bringt er damit den Geist zum Umdenken, aber das gelingt eher selten. Selten wird der Geist die Ursache einer Erkrankung bei sich selbst suchen. Der Geist versucht, sich den Körper gefügig zu machen. Die Pharma-Industrie hilft ihm dabei. In unserer verwissenschaftlichten Zeit weiß man immer mehr vom Detail, verliert aber das Ganze leicht aus den Augen. Die Medizintechnik interessiert sich eigentlich nur für den Körper und dessen Beschwerden. Sie fragt selten nach den Ursachen der Beschwerden und will möglichst schnell eine Linderung der Beschwerden herbeiführen. Mit Hilfe der Pharmaindustrie werden Symptome bekämpft aber nicht die Ursachen beseitigt. Gerne werden die Nebenwirkungen übersehen, die oft zu neuen und größeren Beschwerden führen. Der Körper wird nach naturwissenschaftlichen Maßstäben vermessen. Gespräche mit den Patienten finden kaum statt, da sie von den Krankenkassen nicht bezahlt werden. So wurde der ganze Mensch in der Medizintechnik zum Objekt, zum Gegenstand. Geist und Seele verschwinden aber erst, wenn der Mensch stirbt. Dann ist zunächst nur noch der Körper da, als eine Sache, ein Gegenstand, während der lebende Mensch eine Person ist.

Die Seele, das ist die Welt der Gefühle. Sie ist vom Geist nicht so recht zu kontrollieren, hat aber auf den Körper einen starken Einfluss. Wenn der Mensch über längere Zeit in seiner Würde beschädigt wird, wenn zwischen Anspruch und Wirklichkeit dauerhaft ein großer Unterschied besteht, dann wird die Seele krank. Eine kranke Seele aber ist Gift für das Immunsystem des Körpers. Über kurz oder lang reagiert auch der Körper mit Krankheit. Statt nun den Arzt aufzusuchen, sollte der Mensch Gutes für seine Seele tun. Die Seele ist der Teil des Menschen, um den sich die Religion kümmert. Doch die Seelsorge hat heute nicht mehr die Bedeutung wie noch in der vorindustriellen Zeit. Die Sorge für die Seele wurde verlagert auf die Psychiatrie und Psychotherapie. Man mag darüber streiten, ob das ein Fortschritt ist gegenüber den Zeiten, als noch die Religion, der Seelsorger, für das Seelenheil zuständig war.

Für das Bildungswesen und auch für die Politik steht der Geist im Vordergrund. Unter Geist wollen wir hier den Verstand verstehen. Eine klare Grenzziehung zwischen Seele und Geist bzw. zwischen Gefühl und Verstand ist schwierig. Der Verstand ist in der Lage, in die Zukunft zu denken, aber er kann sich nicht immer durchsetzen. Dann bleibt die Nachhaltigkeit auf der Strecke. Der Verstand des Menschen beschränkt sich nicht auf die Analyse von Tatsachen. Ängste, Gier, Wünsche und Hoffnungen kommen hinzu und da die Zukunft stets im Nebel liegt, ist er bei seinen Entscheidungen auf das angewiesen, was er glaubt. In die

Zukunft gerichtete Entscheidungen führen damit häufig zu Irrtümern. Der Mensch kann irren, wo er geht und steht. Er täuscht sich selbst, lässt sich täuschen und täuscht andere. Und er ist bequem. Wenn er meint, etwas ändern zu müssen, dann bevorzugt er gerne eine einfache Lösung, die kurzfristig Erfolg bringen mag, langfristig aber nicht von Bestand bzw. eher schädlich ist. Man versucht es gerne mit Patentrezepten und öffnet dem Populismus Tür und Tor. Je komplexer ein Sachverhalt ist, desto mehr lässt man sich vom Bauchgefühl leiten.

Die Seele ist also das Reich der Gefühle, der Geist das Reich des Verstandes. Beides, Geist und Seele, ist Software, also etwas, das man nicht sehen kann. Man kann es nur denken und das auch nur unter Inkaufnahme erheblicher Vereinfachungen. Mit Software haben wir es auch bei Computern zu tun. Das Gehirn des Computers ist der Arbeitsspeicher (Hardware). Beim Start des Computers wird das Betriebssystem (Software) in den Arbeitsspeicher eingelesen. Das Betriebssystem ist so etwas wie die Persönlichkeit des Computers. Es bestimmt das Potential und das Verhalten des Computers im Hinblick auf seine Anwendungsmöglichkeiten. Neben dem Arbeitsspeicher verfügt der Computer über einen Festspeicher auf dem alle Anwendungsprogramme (Software) und die für den Betrieb erforderlichen Daten gespeichert sind. Die Software besteht aus Millionen von Befehlszeilen, die der Computer abarbeitet. Tastatur und Maus dienen üblicherweise der Dateneingabe, Bildschirm und Drucker der Datenausgabe. Beim Menschen gibt es für das Betriebssystem, die Anwendungsprogramme und die Daten nur einen Ort: Das Gehirn. Für die Dateneingabe verfügt der Mensch über verschiedene Sinne wie Sehen, Hören, Fühlen etc.. Und die Datenausgabe - wenn man es denn so bezeichnen will - ist die Sprache und das Handeln des Menschen. Er handelt gemäß dem, was er aus seiner Umgebung aufgenommen hat und dem Programm, das er mit sich trägt. Dieses Programm generiert und verändert sich von Geburt an. Jede Handlung, die ja vom Gehirn gesteuert ist, wird bewusst oder unbewusst auf seine Wirkung hin ausgewertet, und das Ergebnis beeinflusst wiederum das Programm. Das nennen wir Lernen. Wenn bestimmte Aktionen nicht mehr oder nur noch rudimentär stattfinden, verfällt auch das für diese Aktionen zuständige Programm. Das lässt sich z. B. bei älteren Menschen beobachten, die nicht mehr normal gehen können, weil sie sich nicht ständig darin üben. Es sind nicht nur die Muskeln und Gelenke, die ihren Dienst versagen, sondern es sind vor allem die Steuerungsareale im Gehirn, die schleichend ihre Funktionsfähigkeit verlieren.

Die meisten Menschen glauben, dass das, was sie mit ihren Sinnen erfassen, die Realität sei, die Welt, in der sie und alle Anderen leben. Dem ist aber nicht so. Was meine Sinne erfassen, wird im Gehirn in Bilder umgesetzt. Die Welt, in der ich lebe, ist also das, was mein Gehirn konstruiert hat. Und dabei spielt mein Programm wieder eine große Rolle. So lebt jeder Mensch in seiner eigenen Welt. Die wirkliche Wirklichkeit können wir gar nicht kennen. Diese Zusammenhänge sind wichtig, wenn es um die Planung eines gemeinsamen Handelns geht und um Kommunikation. Wir wollen Informationen, die in unserem Gehirn sind, in die Gehirne anderer übertragen. Die Informationen sind natürlich eingebettet in unser Programm. Wir kennen aber das Programm derer, die unsere Informationen erhalten sollen, nicht. Das wird in der Regel übersehen. Wir wundern uns dann, dass unsere Botschaft beim Empfänger nicht ankommt, missverstanden wird oder gar feindliche Reaktionen hervorruft. Deshalb ist Kommunikation so schwierig. Dazu ein einfaches Beispiel: Man stelle sich einen Baum vor, der auf der Südseite prächtig im Laub steht und auf der Nordseite viele vertrocknete Äste aufweist. Nun steht an der Südseite ein Mann, der sagt, der Baum sei gesund, er müsse erhalten werden. An der Nordseite steht ein anderer Mann und sagt, der Baum sei krank und müsse gefällt werden. Was tun? Das Bespiel ist simpel, man kann schließlich von den Beiden erwarten, dass sie mal um den Baum herumgehen. Aber in der Regel haben wir es mit abstrakten Sachverhalten zu tun. Da kann man nicht so einfach drum herum gehen. Hinzu kommt noch eine weit verbreitete sprachliche Schlamperei. Man setzt häufig Standpunkt und Meinung gleich. Zwischen beiden besteht jedoch ein fundamentaler Unterschied. Der Standpunkt des Einen ist die Nordseite des Baumes und seine Meinung ist, dass der Baum gefällt werden müsse. Der Standpunkt ist also das, was die Meinung hervorbringt. Im täglichen Leben ist es zumeist ungeheuer schwer, den Standpunkt des Anderen zu erkennen.

Das Zusammenspiel zwischen Körper, Seele und Geist wird durch Hormone und Botenstoffe gesteuert. Wenn der Magen leer ist, meldet ein entsprechender Botenstoff dem Gehirn ein Hungergefühl. Wenn der Magen voll ist, meldet ein anderer Botenstoff, dass man mit dem Essen aufhören soll. Wenn eine Körperzelle aufgrund von Muskelanspannung mehr Energie benötigt, wird diese über den Blutkreislauf zur Verfügung gestellt. Wenn ein bisher wenig benutzter Muskel neue und oft wiederholte Bewegungsabläufe ermöglichen soll, dann wird der Muskel vergrößert und somit verstärkt. Es gibt im menschlichen Körper eine schier unendliche Zahl von Wenn-Dann-Beziehungen (Informationen), die über Hormone und Botenstoffe geregelt werden. Wir wollen aus diesem umfangreichen Geflecht einen wichtigen Bereich herausgreifen: Das Belohnungssystem im menschlichen Gehirn. Wenn ein als nützlich empfundener Tatbestand an das Belohnungssystem gemeldet wird, werden Wohlfühlhormone oder Glücksbotenstoffe ausgeschüttet, die den Menschen motivieren, diesen Glück bringenden Tatbestand erneut herbeizuführen. Solche Tatbestände können höchst unterschiedlicher Art sein: Der Anblick von etwas überwältigend Schönem, ein Fortschritt auf der Suche nach Erkenntnis, eine Begegnung mit einem sympathischen Menschen, ein gutes Gespräch, Anerkennung für eine selbst erbrachte Leistung, der Erwerb einer neuen Fähigkeit oder Fertigkeit bis hin zu so etwas Banalem wie dem Kauf eines Gegenstandes, der mir gefällt. In allen Fällen handelt es sich um einen individuell empfundenen Nutzen. Man kann daraus den Schluss ziehen, dass jeder Mensch sein Handeln am eigenen Nutzen ausrichtet; denn nur dann spricht sein Belohnungssystem an. Das gilt für die gesamte Natur. Jedes Gewächs, jedes Tier richtet sich am eigenen Nutzen aus. Die Pflanze wächst oberirdisch dem Licht entgegen während ihre Wurzeln nach Feuchtigkeit streben. Das Tier geht dahin, wo es was zu fressen gibt. Der Mensch ist kompliziert; denn er lebt nicht nur von Brot allein. Ein besonderes Merkmal des Menschen ist, dass er ein Gesellschaftstier ist. Er kann ohne die Mithilfe Anderer nicht überleben. Jeder braucht für ein gelingendes Leben andere Menschen.

Nun stellt sich die Frage, ob es für den Nutzen über alle Menschen hinweg etwas Gemeinsames gibt, so zu sagen eine Ursache, die für alle Menschen gleich ist. Wenn man die vorgenannte Aufzählung Punkt für Punkt durchgeht, haben alle einen gemeinsamen Hintergrund: Das Streben nach Macht. Wer hat Macht? Macht hat derjenige, von dem Andere glauben, dass er ihnen nützlich sein könne. Ich will mich nützlich machen, und mein Belohnungssystem springt an, wenn ich Anlass zu der Annahme habe, dass Andere glauben, ich könne ihnen nützlich sein. Wenn ich etwas überwältigend Schönes gesehen oder erlebt habe, kann ich Anderen davon erzählen und mich so wichtig machen. Die Zustimmung der Anderen setzt mein Belohnungssystem in Aktion. Wissen ist Macht. Wenn ich einen Fortschritt auf der Suche nach Erkenntnis erziele, dann kommt das einem potentiellen Machtgewinn gleich. Andere sind erst beteiligt, wenn ich mein neues Wissen anwende. Eine Begegnung mit einem anderen Menschen kann für mich und für den Anderen einen Machtgewinn im o. g. Sinne bedeuten. Das ist der Vorteil der Netzwerker, die viele Menschen kennen und wissen, wer ihnen in welcher Frage weiterhelfen kann und wem sie weiterhelfen können. Das Gleiche kann ein gutes Gespräch bewirken. Wenn eine von mir erbrachte Leistung anerkannt wird, dann ist das eine Bestätigung meiner Macht: Ich habe mich nützlich gemacht. Das Sich-Nützlich-Machen-Wollen ist eine sehr starke Kraft, die schon bei kleinen Kindern zu beobachten ist. Aus der menschlichen Eigenschaft des Gesellschafts- tiers entspringt die angeborene Vorliebe zum Helfen. Wer hilft, gehört dazu, und irgendwo dazugehören will jeder. Der Erwerb neuer Fähigkeiten und Fertigkeiten bedeutet eine Erhöhung meines Machtpotentials. Und wenn ich ein Geschäft betrete, um etwas einzukaufen, dann habe ich Macht in den Augen des Verkäufers bis zu dem Moment, in dem die Ware bezahlt ist. Jeder Mensch möchte sich nütz- lich machen gegenüber anderen Menschen. Damit macht er sich relevant, er bekommt einen Wert. Menschen, die es nie gelernt haben, sich nützlich zu machen, die hin und her gestoßen werden und als unbrauchbar betrachtet wer- den, sind arm dran. Es gibt wohl kaum einen Menschen, der nicht zumindest vorübergehend mal Macht gehabt hat. Eltern haben Macht aus Sicht ihrer Kinder, Mitarbeiter ha- ben Macht aus Sicht ihrer Kollegen und ihres Vorgesetzten, im Freundeskreis habe ich Macht aus Sicht meiner Freun- de. Ganz viel Macht habe ich als Inhaber einer Firma mit vielen Angestellten oder als hochrangiger Politiker. Ganz wenig Macht habe ich gegen Ende meines Lebens, wenn meine Kinder und Enkel mich nicht mehr brauchen, ich nicht mehr im Arbeitsprozess stehe und viele meiner Freunde schon gestorben sind. Arbeit dient nicht nur dem Broterwerb sondern hat darüber hinaus eine viel größere Bedeutung, nämlich als Macht-Lieferant und Sinn-Stifter. Das merken viele Menschen erst, wenn man ihnen die Ar- beit wegnimmt. Aus einschlägigen Untersuchungen weiss man, dass Menschen, die mit ihrem Arbeitseinkommen kaum besser gestellt sind als Hartz IV-Empfänger, dennoch mit diesen nicht tauschen wollen. Sie sind stolz darauf, dass sie ihr Geld durch eigene Leistung verdienen.

Macht ist in unserem Sinne also etwas Positives, etwas das mir von Anderen gegeben wird. Macht wird verliehen und dann wird sie ausgeübt, dabei kann es leicht zu Missbrauch kommen. Dann erzeugt sie Zwang, führt zu Manipulation oder gar zu Gewalt. Der Nutzen für andere ist hochgradig manipulierbar. Das ist das Geschäft der Werbung. Aber auch die Politiker machen von der Manipulation der Menschen ausgiebig Gebrauch. Sie benutzen Begriffe wie Gerechtigkeit, Ethik, Chancengleichheit, um Menschen in eine bestimmte Richtung zu lenken. Oder, wie laut einem Zeitungsbericht in der Welt am Sonntag vom 7.2.2021 angesichts der Corona-Pandemie geschehen, sie erzeugen Angst, um die Bevölkerung für ihre harten Maßnahmen gefügig zu machen. Gerechtigkeit wird von denen gefordert, die von Anderen etwas haben wollen. Ethik wie auch Religion sind Mittel, die das selbständige Denken der Menschen ersetzen wollen. Chancengleichheit gibt es nicht. Keiner kann sich die Familie aussuchen, in die er hineingeboren werden möchte. Auch die Gier spielt im Verhalten der Menschen eine große Rolle. Betrüger ködern damit ihre Opfer. Und sie ist eine der Säulen unserer Marktwirtschaft. Die Forderung, dass die Wirtschaft von Jahr zu Jahr wachsen müsse, ist so zu sagen ein Grundgesetz des Kapitalismus. In seinem Streben nach Macht, Anerkennung und Amüsement macht der Mensch alles, wenn die Verhältnisse es zulassen. Und die Verhältnisse lassen heute vieles zu. Die Mehrheit unseres Volkes lebt in einem Wohlstand, der größer ist, als manch Einem gut tut. Gleiches gilt für den Stand der Technik. Auch da kann man sich fragen, ob das ewige Schneller, Weiter, Höher dem Menschen und der Welt noch bekömmlich ist. Da werden immer mehr und immer größere Flughäfen gebaut, um den Menschen zu ermöglichen, ihren Urlaub in anderen Klimazonen zu verbringen, gerne auch auf der anderen Seite der Erde. Ebenso werden immer mehr immer größere Autos gebaut. Die Menschen wollen es und können es auch bezahlen. Aber was ist langfristig ihr Nutzen? Letztlich ist der Nutzen eine Glaubensfrage. Und er ist verbunden mit der Erwartung schöner Gefühle.

Das Handeln der Menschen in den Industriestaaten ist auf die Ausbeutung der Natur angelegt. Es gibt keine tradierten Regeln für den vorsichtigen Umgang mit dem, was die Erde für uns und unser Überleben bereit hält. Von Alters her sind alle Bemühungen zur Disziplinierung der Menschen auf den Umgang mit unseren Mitmenschen ausgerichtet. Zu diesem Zweck wurden die Religionen erfunden, die Moral, die Ethik und die Gerechtigkeit. Es gibt in unserer Gesellschaft keine Lehre für den sinnvollen Umgang mit der Natur. Das war in der vorindustriellen Zeit auch gar nicht nötig; denn es gab keine Maschinen, die unter Einsatz fossiler Brennstoffe die Muskelkraft obsolet gemacht hätten. Die kamen erst im Laufe der Industrialisierung und brachten den Menschen ein ungeahntes Maß an Bequemlichkeit, Fortschrittsglaube, Machbarkeitswahn und Zivilisationskrankheiten. Die Menschen entwickelten zerstörerische Kräfte nicht nur der Natur gegenüber sondern auch gegenüber ihrem eigenen Körper. Auch der wird ausgebeutet. Man lebt unnatürlich, delegiert die Verantwortung für die eigene Gesundheit auf den Arzt und vertraut den Versprechungen der Pharmaindustrie mehr als den Selbstheilungskräften der Natur. Die Medizin-Technik erlaubt es zunehmend, verbrauchte Körperteile zu ersetzen. Der Mensch hat lange Zeit die Natur als feindlich angesehen und alles unternommen, um sich von ihr unabhängig zu machen, sich von ihr zu entfernen. Aber der Mensch braucht die Natur, während die Natur ohne den Menschen auskommt.

Wenn man das Handeln der Menschen beobachtet, fällt auf, dass sie häufig - im Glauben, es würde ihnen nutzen - etwas zustande bringen, was ihnen erheblichen Schaden einbringt. Das betrifft einen Lebensstil, der die Gesundheit ruiniert, ein unangemessenes Verhalten gegenüber anderen Menschen bis hin zur Übertretung von Gesetzen. In all diesen Fällen kann der Schaden gewaltig sein. Warum tun sie es dann? Es ist ein tief in unserer Gesellschaft verankerter Glaube, dass der Mensch zwischen Gut und Böse unterscheiden könne und dem zufolge über einen freien Willen verfüge. Auf dieser Annahme basiert unser gesamtes Strafrecht mit der Logik von Schuld und Strafe. Noch Kant, der nicht wissen konnte, was Software ist, hat diese Fiktion verteidigt mit der Aussage, der Mensch sei in der Lage, etwas hervorzubringen, ohne dass es dazu einer Ursache bedürfe. Dem kann man nach unserem heutigen Kenntnisstand nur heftig widersprechen. Wirkungen ohne Ursachen sind nicht möglich, es sei denn, man bringt Gott ins Spiel. Und manchmal hat man tatsächlich den Eindruck, der Mensch wolle Gott gleich sein, wenn er meint, alles planen, kontrollieren und dereinst selbst den Tod besiegen zu können. Freilich ist es zuweilen unmöglich, die Ursachen zu erkennen. Das gilt im Bereich der Gesundheit wie für das Handeln der Menschen gleichermaßen. Wie bereits ausgeführt, handelt jeder gemäß dem Programm (Prägung, Erziehung, Umwelt), das er in seinem Kopf mit sich führt. Was erreicht man, wenn man ihn bei Fehlverhalten dafür bestraft? Werden durch die Strafe potentielle Täter abgeschreckt? Lassen sich die Delinquenten nach einer Haftstrafe geläutert wieder in die Gesellschaft integrieren? Es mutet recht hilflos an, wenn nach einer besonders schrecklichen Straftat das Volk nach schärferen Strafen ruft. Mit der Erkenntnis, dass der Mensch keinen freien Willen hat, dass er durch Erziehung und Umwelteinflüsse zu seinem Handeln bestimmt ist, fällt es leichter, ihn zu lieben und seine Würde zu achten. Man darf nicht fragen, ob der Mensch die Freiheit hat, dieses oder jenes zu tun. Die Freiheit hat er, wenn man ihn denn lässt. Man muss vielmehr danach fragen, warum er überhaupt auf den Gedanken gekommen ist, dieses oder jenes tun zu wollen. So gesehen ist der Mensch also nicht frei, er ist programmiert und wird durch sein Programm gesteuert. Mit dieser Erkenntnis müsste man der Erziehung der Kinder schon von Klein auf höchste Priorität einräumen. Das Personal in Kitas, Kindergärten und Grundschulen sollte bestens ausgebildet, gut bezahlt und in ausreichender Menge vorhanden sein, damit den Kindern effektiv und nachhaltig die Werte unserer Kultur vermittelt werden können, so dass aus ihnen mal mündige Bürger werden. Für die Kosten sollte allein der Staat aufkommen. So wie es eine Schulpflicht gibt, sollte auch der Besuch von Kitas und Kindergärten Pflicht sein. Auf diese Weise würde dem Einfluss eines negativen familiären Umfeldes entgegengewirkt. Die Erwartung ist, dass durch diese Maßnahmen langfristig deutlich weniger Straftaten begangen werden. Die Aufwendungen für den Justizvollzug würden dann geringer ausfallen.

Der Mensch ist ein Gesellschaftstier, und die Gesellschaft funktioniert, indem die kleinen Kinder nach einer kurzen Zeit der Ungebundenheit eine Ausbildungsphase durchlaufen, in der sie darauf vorbereitet werden, ihrerseits zu tragenden Säulen der Gesellschaft zu werden. Kinder sind also die Zukunft der Gesellschaft, man muss in sie investieren. Daher ist es verwunderlich, dass man in der Corona-Krise alle Kräfte darauf konzentriert, das Leben der alten Menschen zu schützen und in Kauf nimmt, dass durch Lockdown die Kinder in ihrer Entwicklung geschädigt werden. In dem Zusammenhang sollte man auch mal die Frage stellen, wer in unserer Gesellschaft das höchste Ansehen - und damit verbunden das höchste Einkommen - geniesst. Es sind Fußballspieler, überragende Sportler, Schauspieler und andere Künstler, also Menschen, die mit ihren Künsten anderen die Zeit vertreiben. Ist das gerechtfertigt? Eigentlich sollten es doch diejenigen sein, die die Zukunft der Gesellschaft sichern. Das wären in erster Linie Mütter, die den Nachwuchs der Gesellschaft zur Welt bringen, dann alle, die am Ausbildungsprozess der Kinder beteiligt sind, von der Kindergärtnerin bis zum Hochschulprofessor. Und natürlich die Unternehmer, die den Menschen zu Arbeit und Brot verhelfen. Nicht zu vergessen die Politiker, die dafür die Rahmenbedingungen schaffen. Brot und Spiele, das war schon für die alten Römer der populäre Wahlspruch. Die einfachen Menschen sind halt an ihrer Bespaßung mehr interessiert als an der Sicherung ihrer Zukunft.

Die Bedeutung von Freiheit, Bildung, Religion und Gesundheit für den Menschen und das Menschenbild ist so groß, dass hierfür eigene Kapitel angelegt werden.

Freiheit

Was ist wichtiger, Freiheit oder Sicherheit? Die meisten Menschen bevorzugen die Sicherheit, und sie glauben, dass ihnen die Freiheit so zu sagen gratis dazu geliefert wird. Man sollte sich jedoch darüber im Klaren sein, dass irgendwie die Summe aus Freiheit und Sicherheit konstant ist, d. h. je mehr ich von dem Einen habe um so weniger habe ich von dem Anderen. Die höchstmögliche Freiheit habe ich als Unternehmer, aber zugleich auch die geringste Sicherheit. Wenn ich nur an meiner Sicherheit interessiert bin, werde ich auf Dauer beides verlieren, meine Sicherheit und meine Freiheit. Nehmen wir an, ich habe einen sicheren Arbeitsplatz, der aber immer weiter ins Abseits gerät, ohne Entwicklungsmöglichkeiten und gering geschätzt von meinen Kollegen. Wenn ich nicht bereit bin, mein sicheres Einkommen aufzugeben und mir einen neuen Job zu suchen, dann laufe ich Gefahr, krank zu werden oder den vermeintlich sicheren Arbeitsplatz bei der nächsten Krise zu verlieren. Was der Verlust an Freiheit bedeutet, kann man jetzt in der Corona-Krise beobachten. Da wird den Menschen verboten, mit anderen in persönlichen Kontakt zu treten, viele erhalten Berufsverbot, und Reiseverbot. Die Regierung meint, die Verantwortung für das Handeln ihrer Bürger übernehmen zu müssen, um das Leben der Hochbetagten, also einer für die Zukunft irrelevanten Bevölkerungsgruppe, zu sichern. Dafür wird Solidarität eingefordert von allen Bürgern. Aber es funktioniert nicht. Die Hochbetagten infizieren sich trotzdem und sterben in großer Zahl. Und die Bürger verharren in Unmündigkeit. Wäre es nicht besser gewesen, den Menschen die Entscheidung zu überlassen, wie sie sich angesichts der Corona-Pandemie verhalten wollen und wie sie die Wahrscheinlichkeit einschätzen, sich selbst zu infizieren? Statt dessen wurde Angst geschürt. Angst ist eine gute Voraussetzung, um Macht auszuüben. Und das tun unsere Politiker. Und das Volk ist sogar zufrieden damit und lobt noch die, die bei der Einschränkung ihrer Freiheiten besonders forsch voranschreiten!

Die Demokratie ist die Regierungsform, die den Bürgern ein Höchstmaß an Freiheit verspricht. Dieses Versprechen wird aber nicht immer eingehalten, wie schon die Handhabung der Corona-Pandemie zeigt. Braucht man Gesetze, die das Individuum einschränken, auch wenn durch deren Absichten andere nicht tangiert sind? Es geht hier zunächst einmal um den Beginn und das Ende des Lebens. Ich möchte in einem Land leben, in dem diese Fragen für den Staat tabu sind. In der Gesellschaft sollte alles getan werden, um einer Frau, die ungewollt schwanger geworden ist, die Geburt ihres Kindes leicht zu machen, finanziell und existenziell. Dabei hilft ein bedingungsloses Grundeinkommen und kostenlose Kitas, Kindergärten und Schulen. Wenn aber die Frau, aus Gründen, die nur sie selbst kennt, partout das Kind nicht austragen will, dann sollte ihr das auch ermöglicht werden, ohne dass es für sie von Nachteil ist. Gleiches gilt für die Beendigung eines gelebten Lebens. Wenn ich zu der Auffassung komme, dass mein Weiterleben nur noch ein Leiden sein kann, dann sollten mir Möglichkeiten zur Verfügung stehen, meinem Leben ein Ende zu setzen. Heute bieten sich dafür nur der Sprung aus großer Höhe oder der zweckentfremdete Einsatz eines Verkehrsmittels an. Das sind keine schönen Lösungen für die Öffentlichkeit. Außerdem setzt es voraus, dass ich noch beweglich bin. Ich halte es für ungeheuerlich, wenn mir der Staat das Recht auf ein selbstbestimmtes Lebensende verwehren will. Der Staat, das sind ja Menschen, die ihn repräsentieren. Warum maßen solche sich an, besser zu wissen, was für andere gut ist? Es gibt viele Bereiche, in denen Bürger ihre Gesundheit und ihr Leben aufs Spiel setzten, ohne dass ihnen das bewusst ist und ohne dass sich der Staat groß darum kümmert. Das beginnt beim

Rauchen und dem Konsum von Alkohol und endet beim Autofahren. Todesursache Nummer 1 sind Herz-Kreislauf-Erkrankungen. Im Jahr 2019 starben in Deutschland 331.200 Menschen daran, das sind 35 % aller Sterbefälle. Obwohl unser Gesundheitssystem damit erheblich belastet ist, wird kaum etwas dagegen unternommen. Nun kommt ein neuartiges Virus daher, und die Politiker toben sich aus in einem noch nie erlebten und teuren Aktionismus. Da wird das gesamte gesellschaftliche Leben heruntergefahren, ohne dass man das Virus in den Griff bekommt. Die Zahl der Corona-Toten erreicht nach 1 Jahr nicht einmal 20 % der Herz-Kreislauf-Toten. Aber genau die, die man mit dem wilden Aktionismus schützen will (Bewohner von Alten- und Pflegeheimen), erkranken und sterben in großer Zahl. In den Medien wird der Begriff "Systemrelevanz" verbreitet, und diejenigen erhalten dieses Attribut, deren Tätigkeit man nicht per Dekret verbieten zu können glaubt, wie das Personal an der Kasse im Lebensmittel-Supermarkt und die Pflegekraft im Krankenhaus und Seniorenheim. Wenn man unter Systemrelevanz das versteht, was die Zukunft der Gesellschaft sichert, dann müssten damit die Ausbildungsstätten gemeint sein, von den Kitas angefangen. Aber dieses Obrigkeitsdenken mit seinem Hang zur Überheblichkeit gegenüber Andersdenkenden macht auch vor der großen Politik nicht Halt. Da werden Staaten besucht, die ein anderes Gesellschaftssystem haben als wir, um - bevor man Wirtschaftsverträge abschließt - Menschenrechte, Pressefreiheit und anderes einzufordern. Ist das nicht lächerlich, wenn man schon vorher weiß, dass man damit nichts erreicht? Nein, man setzt gerne noch eins drauf, indem man den Staat mit Sanktionen, z. B. einem Handelsembargo, bestraft. Und was erreicht man damit? Oftmals schadet man der eigenen Wirtschaft mehr als der Führung des fremdem Staates. Fazit: Ich kenne die Welt nicht, in der der Andere lebt, und kann und darf ihm infolge dessen nicht sagen, was gut und richtig für ihn ist. Das muss er schon selber wissen.

Unsere Regierung hat sich weitgehend vom individuellen Leistungsgedanken verabschiedet. Prinzipien wie Unternehmertum und Eigenverantwortung verlieren schleichend an Rückhalt, während Regulierung und staatliche Bevormundung hoch im Kurs stehen. Der Einfallsreichtum kennt keine Grenzen, wenn es gilt, neue Vorschriften zu rechtfertigen. Einmal geschieht es zur Förderung der nationalen Sicherheit, dann wieder im Namen der Moral oder der Gesundheit. Etatismus und Dirigismus, wohin man schaut. Für die Marktwirtschaft muss man kämpfen, Sozialismus erhält man umsonst.

Bildung

Ähnlich bedeutend wie die Freiheit ist die Bildung. Man muss sich vor Augen halten, dass die Gesellschaft einem ständigen Wandel unterzogen ist. Menschen werden geboren, erzogen, ausgebildet, bis sie selbst zu mündigen Bürgern und tragenden Säulen in der Gesellschaft werden können. Die Alten treten ab und überlassen das Feld den Jungen. Um die Gesellschaft zukunftsfähig zu erhalten, müssen also alle Kinder eine angemessene Ausbildung erhalten. Das sollte als eine Frage der Notwendigkeit angesehen werden, nicht als eine Frage der Gerechtigkeit. Und jeder sollte für seinen Ausbildungsabschluss einen Leistungsnachweis erbringen. Wenn allen ein Titel verliehen wird, dann ist der am Ende nichts mehr wert. Mitte des vergangenen Jahrhunderts machten 3 bis 4 % der Schüler Abitur. Heute sind es um die 50 % mit der Folge, dass manche von denen nicht einmal gescheit schreiben und rechnen können. Nein, es sollte im Interesse der Gesellschaft für den Staat jenseits aller Ideologien eine Pflicht sein, seinen Nachwuchs optimal auszubilden. Und für die Bürger sollte es eine Verpflichtung sein, das Bildungsangebot des Staates anzunehmen. In diesem Sinne ist es wichtig, dass es neben einer allgemeinen Schulpflicht auch eine Kita-Pflicht und eine Kindergarten-Pflicht gebe muss. Hier bekommen die Kinder, vor allem die mit Migrationshintergrund, spielerisch die Muttersprache des Landes beigebracht. Und zum Lehrstoff sollten nicht nur Sprachen, Mathematik usw. gehören, sondern auch gesundes Leben, Wesen und Bedeutung der Religionen, der Umgang mit Werbung und soziale Kompetenz. Alle Bildungs-Institutionen sollten unter staatlicher Regie und für die Benutzer kostenlos betrieben werden. Die Bildungs-Institutionen haben nicht nur die Aufgabe, die jungen Menschen auf einen Beruf vorzubereiten, sie sollten auch dafür mitverantwortlich sein, dass die jungen Menschen nicht in Fremden-hass, Antisemitismus, Verschwörungstheorien etc, abdriften. Um dies zu erreichen, müssen die Kirchen mit anderen Augen gesehen werden. Sie sind Vereine, die sich über Mitgliedsbeiträge finanzieren und keine staatlichen Aufgaben im Bildungsbereich innehaben dürfen.

Ein weiterer Aspekt von Bildung ist der Umgang mit Verstößen gegen Gesetze. Heute werden bei schwereren Verstößen die Täter eingesperrt. Was bringt das und was kostet das? In ganz besonders schweren Fällen wurden früher die Delinquenten öffentlich enthauptet. Es wurde ein Spektakel daraus gemacht. Die Todesstrafe ist, zumindest in Europa, abgeschafft. An dieser Stelle wäre mal zu fragen, was eigentlich eine Strafe ist. In meinen Augen ist es eine Maßnahme, die mich nachhaltig trifft. Ich habe länger, vielleicht bis zum Ende meines Lebens, darunter zu leiden. Was ist dann die Todesstrafe? Wenn ich tot bin, muss ich nicht mehr leiden. Der Tod erlöst mich von allem Übel. Also könnte ich doch die Todesstrafe, wenn sie unmittelbar nach dem Urteil vollzogen wird, als Erlösung betrachten und nicht als Strafe? Im Bewusstsein der Bedeutung einer humanistischen Ausbildung und der Tatsache, dass der Mensch keinen freien Willen hat, sollten die Begriffe Schuld und Strafe abgeschafft werden. Nur die Verantwortung, die kann man ihm nicht nehmen. Was heißt das? In der Organisationslehre gilt der Satz, dass Aufgaben, Kompetenzen und Verantwortung deckungsgleich sein müssen. Dagegen wird oft verstoßen. Die Aufgaben hat der Sachbearbeiter, seine Kompetenzen - also seine Entscheidungsbefugnisse - müssen den Aufgaben entsprechen und auch beim Sachbearbeiter liegen. Nur dann kann er auch für sein Handeln verantwortlich gemacht werden. Verantwortung heißt, er muss für seine Taten einstehen mit seinem Ansehen, mit seiner Stellung und ggf. auch mit seinem Vermögen. So funktioniert es in gut geführten Unternehmen. Und wie funktioniert es in der Politik? Werfen wir kurz einen Blick auf das Corona-Management: Die Regierung hat in Anlehnung an Strategie A die Aufgabe übernommen, die Intensivstationen der Krankenhäuser vor Überlastung zu schützen. Um dieser Aufgabe gerecht werden zu können, braucht sie die Entscheidungsbefugnis über die Bewegungsfreiheit ihrer Bürger. Das beinhaltet Ausgangssperren, Berufsverbote und ganz allgemein das Verhindern von Menschenansammlungen. Erreicht sie damit ihr Ziel nicht, muss sie damit rechnen, bei nächster Gelegenheit abgewählt zu werden. Darin liegt die Bedeutung ihrer Verantwortung.

Im gesellschaftlichen Leben sollte nur noch in Kategorien von Ursache und Wirkung gedacht werden. Wenn ein Mensch straffällig geworden ist, dann wird nur noch ermittelt, welchen Schaden er angerichtet hat. Den sollte er wieder gutmachen. Im Übrigen wird danach gefragt, wer für seine Erziehung verantwortlich war und was hier falsch gelaufen ist, so dass er straffällig werden konnte. Dabei gerät auch sein Elternhaus in den Fokus. Man muss die Straftat selbst als Symptom sehen, bekämpfen aber muss man die Ursache.

Die Schulen sind dazu da, aus den Kindern Persönlichkeiten zu formen, die - wie Kant es formuliert hat - den Mut haben, sich ihres Verstandes ohne Leitung eines Anderen zu bedienen und somit mündige Bürger zu werden. Gleichzeitig sollte der Hybris entgegengewirkt werden, die sich in der Erwartungshaltung äußert, man könne alles planen und kontrollieren. Wo das hinführt, hat jüngst der Umgang mit der Corona-Pandemie gezeigt. Das Corona-Virus ist eine Erfindung der Natur. Die Natur bringt immer mal wieder solche Erfindungen (Viren, Bakterien, Pilze) hervor, die andere Lebewesen bedrohen. Diese verfügen jedoch über ein Immunsystem, das, wenn es gesund ist, mit den Bedrohungen fertig wird. Wenn unsere Regierungen es so gesehen hätten, hätten sie die Bürger über das Verhalten dieses Virus aufgeklärt und es im Übrigen jedem

Einzelnen überlassen, wie er sich verhält. Die Ängstlichen hätten sich nicht mehr aus dem Haus gewagt, die Gastwirte hätten sich ein Hygienekonzept auferlegt, ebenso die Einzelhändler und Dienstleister. Nur die Großveranstaltungen wären evtl. verboten worden. Die Verantwortung für seine Gesundheit hätte jeder einzelne Bürger selbst gehabt, so wie es ja auch ohne Corona jedem Einzelnen überlassen ist, ob er ein Leben führt, das seiner Gesundheit förderlich ist oder schadet. Statt dessen hat der Staat die Verantwortung für die Gesundheit seiner Bürger übernommen, sie damit quasi entmündigt und sie in den Status versetzt, den Kinder im Verhältnis zu ihren Eltern haben. Was hat er erreicht? Die Schwachen (Menschen über 80 mit Vorerkrankungen) sind trotzdem in großer Zahl gestorben; die jüngeren Menschen halten sich nicht an die Vorgaben und tragen ihren Unmut auf die Straße, indem sie dort demonstrieren; die Wirtschaft wird in ungeheurem Ausmaß geschädigt, wofür der Staat Ersatz leisten muß, was zu exorbitanten Schulden führt, für die letztlich die einzelnen Bürger aufkommen müssen. Das ist aus der Hybris der Regierenden geworden, ihrem Glauben, das Virus durch Gängelung der Bürger besiegen zu können!

Wie unsere Gesellschaft mit dem Tod umgeht, das hat auch etwas mit Hybris zu tun. Er wird verdrängt und bekämpft, koste was es wolle. Dabei gehört der Tod zum Leben dazu. Wenn man mal ernsthaft darüber nachdenkt, dann kommt man zur gleichen Ansicht wie schon Epikur um 300 vor Christus: Der Tod betrifft mich nicht, nur wenn andere sterben, dann kann mich das sehr betreffen. So ist es für mich auch irrelevant, wann ich sterbe. Das sehen aber die meisten Menschen anders. Sie wollen noch eine Menge erleben, erreichen. Warum? Glauben sie, dass sie ihre Erinnerungen ins Jenseits mitnehmen können? Wenn meine Uhr abgelaufen ist, dann sollte ich mich in das Schicksal fügen. Alles Andere kann nur zu unwürdigem bis unerträglichem Leiden führen: Eine Operation nach der anderen, die Chemotherapie, der Aufenthalt im Pflegeheim, der Rollstuhl, die Abhängigkeit von Anderen. Aber genau daran hat natürlich der medizintechnische Komplex das größte Interesse. Hier kann er richtig Geld machen. Insofern ist es nicht verwunderlich, dass ein Aufschrei der Entrüstung durch die Medien ging, als ein Lokalpolitiker den Corona-Aktionismus kritisierte mit der Äußerung, man mache einen Riesenaufwand nur um Menschen zu schützen, die in kurzer Zeit so wie so sterben würden. Skurrile Züge nimmt der Umgang mit dem Tod an, wenn Menschen eine Lebensversicherung abschließen mit der Maßgabe, dass der Betrag nach ihrem Tod dafür verwendet werden soll, dass ihr Körper nicht beerdigt sondern in flüssigem Stickstoff aufbewahrt wird, in der Hoffnung, dass es späteren Generationen möglich sein wird, sie wieder zum Leben zu erwecken. Ebenso skurril ist es, wenn ein Astronaut die bemannte Raumfahrt damit rechtfertigt, dass - wenn dereinst die Erde nicht mehr bewohnbar ist - man dann in der Lage sei, sich einen anderen Planeten wohnlich einzurichten. Oder der Plan, Meteore, die Kurs auf die Erde nehmen, rechtzeitig mit einer Atomrakete abzuschießen. Alles das sind Beispiele, wo der Mensch in seiner maßlosen Hybris sich an der Unendlichkeit vergreift. In seinem Wahn, allmächtig zu sein, verliert er die Wirklichkeit aus den Augen. Es kann nicht schaden, immer wieder nach der Wirklichkeit zu suchen und um die Weisheit zu ringen, das Machbare vom Unmöglichen zu unterscheiden und das Machbare in Nützliches und Schädliches zu untergliedern.

Religion

Mir scheint, dass der Glaube ein wesentliches Element der menschlichen Existenz darstellt. Glaube nicht nur im religiösen Sinn, sondern als Grundlage jeglichen auf die Zukunft gerichteten Handelns, also der Glaube an einen Nutzen. Ich glaube, dass die Aktie xy an Wert gewinnen wird, also kaufe ich sie. Ich glaube, dass mich eine bestimmte Frau ein Leben lang glücklich machen kann, also heirate ich sie. In beiden Fällen zeigt die Zukunft, ob ich mit meinem Glauben richtig lag. Wenn es um die letzten Dinge geht, speziell um den Tod, dann hilft mir die Zukunft nicht, dann hilft nur noch die Religion. Die Religionen wurden nicht zuletzt entwickelt, um den Menschen die Angst vor dem Tod zu nehmen, oder um ihnen die Angst einzutrichtern, damit sie ein Leben führen, wie es von der Obrigkeit gewünscht wird. Für den altgriechischen Philosophen Epikur (ca. 341 bis 271 v. Chr.) war der Tod bedeutungslos. Er sagte:

Das Schauervollste aller Übel, der Tod, geht uns nichts an; denn solange wir sind, ist der Tod nicht da, sobald aber der Tod herantritt, sind wir nicht mehr. Er trifft also weder die Lebenden noch die Gestorbenen. Für die einen ist er nicht, die anderen sind nicht für ihn.

Die Auffassungen von Epikur wurden von den frühen Christen aufs Schärfste bekämpft, da sie der christlichen Lehre in wesentlichen Punkten diametral entgegenstehen. Seine Gedanken wurden von Lukrez, der im ersten Jahrhundert v. Chr. lebte, fortgeführt. In seinem Werk De Rerum Natura sind u. a. folgende Kernaussagen zu finden:

• Das Universum hat keinen Schöpfer oder Designer.
• Die Natur experimentiert unaufhörlich. Es gibt keinen einzelnen Augenblick des Uranfangs, keine mythische Schöpfungsszene.

- Das Universum wurde weder wegen noch für die Menschen erschaffen.
- Die menschliche Gesellschaft hat nicht mit einem Goldenen Zeitalter der Ruhe und der Fülle begonnen, sondern als urtümlicher Kampf ums Überleben.
- Die Seele ist sterblich.
- Es gibt kein Leben nach dem Tod.
- Alle organisierten Religionen sind abergläubische Täuschungen.
- Religionen sind allesamt grausam.
- Es gibt keine Engel, keine Dämonen und Geister.
- Das höchste Ziel des menschlichen Lebens ist Steigerung des Genusses und Verringerung des Leidens.
- Nicht Leid ist das größte Hindernis auf dem Weg zur Lust, sondern Täuschung.
- Das Verstehen der Dinge und ihrer Natur weckt großes Staunen.

Die Kirchenväter gingen davon aus, dass die Religion nur durch Furcht erhalten und bewahrt werden kann. „Was man nicht fürchtet, schätzt man gering; und was man geringschätzt, wird man sicherlich nicht verehren. So ergibt sich, dass Religion, Würde und Ehre auf Furcht sich gründet", so äußerte sich z. B. Laktanz (* um 250; † um 320). Statt der Lust als höchstes Ziel menschlichen Lebens wurde bei den Christen nach dem Vorbild der Kreuzigung Jesu der Schmerz als solches angesehen. Die Sexualität wurde verteufelt und das Lachen als unschicklich hingestellt. Die Menschen, so lehrte die Theologie, sind von Natur aus sündig und verderbt. Buße zu tun für ihre eigenen und die Sünden anderer wurde zu einem erstrebenswerten Leitmotiv in den Klöstern. Heute sehen wir das alles sehr viel lockerer, zumindest hier in Europa. Die Gedanken von Epikur und Lukrez wurden zur Triebfeder der Aufklärung. Und die Kirche mit ihrer widernatürlichen Einstellung zu Lust und Sexualität hat ihre einstmals große Macht längst verloren und kämpft mit einem wachsenden Glaubwürdigkeitspro-

blem. Wenn wir über Religion nachdenken, müssen wir drei Bereiche auseinanderhalten:
- Die Organisation der Religionsgemeinschaft, im Christentum sind das die Kirchen.
- Die religiöse Lehre, das Narrativ, im Monotheismus das Buch Gottes.
- Die über dem Menschen stehende transzendente Macht.

Laut Grundgesetz herrscht in Deutschland Religionsfreiheit. Keiner darf wegen seiner Religion benachteiligt werden. Das ist - weltweit gesehen - keine Selbstverständlichkeit. Trotzdem gibt es auch in Deutschland immer noch Übergriffe gegenüber Andersgläubigen. Warum ist das so? In der Vergangenheit waren es neben christlichen Splittergruppen vor allem die Juden, die unter Verfolgung litten. In den letzten Jahrzehnten sind viele Menschen aus islamischen Ländern nach Deutschland gekommen und haben ihre Religion mitgebracht. Die Christen haben ihre Kirchen, die Juden ihre Synagogen, die Moslems ihre Moscheen. Keiner weiss genau, was in den Häusern der jeweils Anderen stattfindet. Aber Unwissen führt leicht zu Verdächtigungen, Verdächtigungen führen zu Ressentiments, und Ressentiments führen zu Hass und Verfolgung. Kann das gut gehen? Das Schicksal der Juden in der Vergangenheit zeigt uns: Es kann nicht gut gehen. Hier ein Zitat aus einer Buchankündigung zum Thema Antisemitismus:

Auch wenn der Begriff Antisemitismus erst im 19. Jahrhundert geprägt wurde, reichen die Wurzeln des militanten Judenhasses viel weiter zurück – bis in die griechisch-römische Antike. Wie ein häufig genug blutiger Faden zieht sich die offene oder verhüllte Feindschaft gegenüber den Juden durch die gesamte Menschheitsgeschichte seither, und der traurige Befund des international angesehenen Judaisten Peter Schäfer lautet: „Der Antisemitismus (erweist sich) als eine vielköpfige Hydra mit einem eigentlich unsterblichen Haupt und vielen Köpfen, der immer wieder ein anderer Kopf nachwächst, wenn einer abgeschlagen wird." Schäfers Rückblick auf eine mehr als zwei Jahrtausende währende Tradition antijüdischer Ressentiments und Ausgrenzungen lässt leider keinen anderen Schluss zu, dazu hat sich der Antisemitismus durch alle Zeiten hindurch nicht nur als ebenso hartnäckig wie wandlungsfähig gezeigt, sondern bis in die jüngsten Tage hinein als nahezu immun gegenüber sämtlichen Bestrebungen, ihn politisch, kulturell und gesellschaftlich zu bekämpfen. Was also ist zu tun?

Weltweit gesehen gibt es nicht nur den Hass gegen Juden. In Europa haben sich lange Zeit die Protestanten und Katholiken blutig bekämpft. In der islamischen Welt bekämpfen sich Schiiten und Sunniten. In Indien kämpfen die Hindus gegen Andersgläubige. Überall auf der Welt, wo verschiedene Religionen in einem Staat oder einer Region verbreitet sind, gibt es Spannungen. Das liegt offenbar in der Natur der Sache, in der Natur einer jeden Religion. Denn jede Religion hat einen ausschließlichen Wahrheitsanspruch. Daraus wächst Fanatismus und die Verfolgung Andersgläubiger. Das wird noch verschärft, wenn die Andersgläubigen wirtschaftlich erfolgreicher dastehen, als man selbst. Wenn nun noch eine Religion quasi als Staatsreligion angesehen wird, also den Anspruch erhebt, Bewahrer einer Leitkultur zu sein mit erheblichem Einfluss auf die Regierung, dann sind beste Voraussetzungen geschaffen, den religiösen Minderheiten das Leben schwer zu machen. Vor einem solchen Hintergrund ist die rechtlich verbriefte Religionsfreiheit kaum mehr als ein Lippenbekenntnis. In Deutschland stellt sich die Religions-Problematik wie folgt dar:

- Zwei politische Parteien tragen das C in ihrem Namen. Sie fühlen sich dem Christentum verpflichtet.
- Immer mehr Christen kündigen ihre Mitgliedschaft bei der katholischen bzw. evangelischen Kirche.

- Viele Menschen mit christlicher Erziehung und hohem Bildungsstand verstehen sich als Atheisten oder Agnostiker
- Mit dem Satz "Vermehret Euch und macht Euch die Welt untertan" hat die Bibel den Christen einen Freibrief zur Ausbeutung und Zerstörung der Umwelt geliefert.
- Die Erinnerung an die Judenverfolgung im Nationalsozialismus wird offiziell hochgehalten mit dem Hinweis, so etwas dürfe nie wieder passieren.
- Es gibt trotzdem immer wieder Übergriffe von deutschen Staatsbürgern auf jüdische Menschen und Einrichtungen, die mehrheitlich als Peinlichkeit wahrgenommen und von den Medien mit Empörung kommentiert werden.
- Während bei den Moslems, bei den Juden aber auch bei christlichen Splittergruppen wie z. B. den Zeugen Jehovas die Gotteshäuser Stätten der Begegnung sind mit einem lebendigen gesellschaftlichen Leben, sind die Kirchen der Katholiken und Protestanten nur Orte der inneren Einkehr.
- Es gibt immer mehr Moslems in Deutschland und immer mehr Moscheen. Diese werden zum großen Teil aus dem Ausland finanziert. Die Geistlichen stammen häufig aus dem Ausland, sie sprechen kein Deutsch und sind mit den deutschen Gegebenheiten nicht vertraut.

Insgesamt kann man feststellen, dass die christliche Lehre in Deutschland einer wachsenden Gleichgültigkeit ausgesetzt ist, während der Islam von seinen Anhängern ernst genommen wird bis hin zum Fanatismus. Hier einige Ergebnisse aus Recherchen im Internet:
- In Deutschland sind 57 % der Bevölkerung religiös organisiert, ca. 45 Millionen Christen und mehr als 4 Millionen Moslems.

- Bei den Christen gehen jedoch nur 10 % der Katholiken (2,2 Millionen) und 3 % der Protestanten (800 000) regelmäßig zur Kirche.
- Die über Kirchensteuern erzielten Einnahmen der Kirchen belaufen sich auf 4,5 bis 5 Milliarden €. Davon werden zahlreiche kirchliche Einrichtungen wie Kindertagesstätten, Krankenhäuser, Altenheime und Sozialstationen unterhalten. Die Pfarrer und Priester jedoch werden vom Staat besoldet.
- Der Religionsunterricht in den Schulen wird vielfach von Angestellten der jeweiligen Religionsgemeinschaften vorgenommen.

All dies befördert ein elitäres Religions-Denken schon in den Köpfen der Kinder, was zur Überbewertung der eigenen Religion und zur Abwertung aller anderen führen kann. Die in Deutschland verbreitete Gleichgültigkeit der christlichen Religion gegenüber kann man auch daran erkennen, dass es anders als vor 60 Jahren kein Problem mehr ist, wenn ein getaufter Protestant eine getaufte Katholikin heiratet. Das gibt Anlass zu der Hoffnung, dass es in Deutschland möglich sein sollte, Staat und Kirche vollständig voneinander zu trennen. Soziale Einrichtungen mit investivem Charakter (Kitas, Kindergärten etc.) sollten nur noch vom Staat finanziert und betrieben werden. Der konfessionelle Religionsunterricht in den Schulen sollte überall abgeschafft werden. Statt dessen sollte den Schülern ein Wissen über alle großen Religionen beigebracht werden, wertungsfrei. Die Kirchensteuer gehört abgeschafft. Die Kirchen müssen, wie jeder andere Verein auch, selbst ihre Beiträge eintreiben. Die Religionsgemeinschaften sollten nicht mehr vom Staat unterstützt werden, sie sollten für die Bezahlung ihrer Funktionäre und Priester selbst aufkommen.

Es gibt immer mehr Menschen auf der Welt und einen wachsenden Wissens- und Ideenaustausch. Warum soll nicht allmählich auch in religiösen Angelegenheiten eine

Globalisierung stattfinden? Der katholische Theologe Hans Küng hat mit seiner Weltethos-Stiftung aufgezeigt, wie so etwas gehen kann.

In Deutschland haben die Religionsgemeinschaften den Status von Vereinen. Es ist ein Anachronismus, dass die Vereinsbeiträge der katholischen und der evangelischen Kirchen und anderer, die als Körperschaften des öffentlichen Rechts organisiert sind, vom Staat als Kirchensteuern eingezogen werden. Und es ist gefährlich, wenn Kinder in kirchlichen Institutionen unterwiesen werden. Der Religionsunterricht sollte überkonfessionell sein. Alle Kinder sollten über Entstehung, Verbreitung und Organisation der wichtigsten Religionen informiert werden. Die Mitgliedschaft in einer Religionsgemeinschaft sollte eine reine Privatangelegenheit sein.

Die Narrative der Religionen stammen aus einer Zeit, als der Bildungsstand der Menschen viel geringer war als heute. Die Religionen hatten die Aufgabe - und haben sie auch heute noch - den Menschen einen Halt im Leben zu geben, das friedliche Zusammenleben vieler Menschen zu gewährleisten und den Menschen das Denken abzunehmen. Die Menschen vertrauten der Kirche und dem Priester, der ihnen sagte, was man darf und was nicht, bzw. wann etwas erlaubt ist und wann nicht. In der heutigen verwissenschaftlichten Welt gibt es Ethik-Kommissionen, die diese Aufgabe erfüllen. Es leuchtet ein, dass es nicht jedermanns Sache ist, hierfür seinen eigenen Verstand einzusetzen. Wenn z. B. für das Schlachten von Tieren bestimmte Verfahren vorgeschrieben wurden, der Verzehr bestimmter Produkte verboten wurde, so hatte das ursprünglich durchaus seine Berechtigung. Die Geschichte Jesu, von der unbefleckten Empfängnis bis zur Auferstehung vom Tod, enthält vieles, was Menschen, die den Mut haben, sich ihres eigenen Verstandes ohne Anleitung eines Anderen zu bedienen, zu glauben schwer fällt. Interessant ist in diesem Zusammenhang die Entwicklung der Uta

Ranke-Heinemann, die mit Ratzinger (dem späteren Papst) Theologie studierte, die erste Professorin für katholische Theologie der Welt wurde und dann 1987 die Lehrerlaubnis verlor, als sie (in einer Talkshow) Zweifel anmeldete an der Jungfrauengeburt. Hier ein Zitat aus ihrem Buch "Nein und Amen":

Und so bin ich fortgegangen, fort von Jungfraumutter und Henkervater, von dem Gott mit den blutigen Händen, dem Erwürger der Erstgeborenen, der von Abraham das Opfer Isaaks verlangte und später seinen eigenen erstgeborenen und einzigen Sohn für uns opferte. Ich wandte mich ab von den Theologen, die meine Wissenslücken mit ihrer Verstandesfeindlichkeit und ihren grausamen Märchen füllten, und glaubte ihnen nicht mehr. Und ihr Buch, die Bibel, war mir nicht mehr Gottes Wort. Es wurde Menschenwort und tröstet mich nicht.

Nun hat die Aufklärung und die seit langem anhaltende Überwindung von Denkbarrieren im christlichen Europa dazu geführt, dass sich immer mehr Menschen als Agnostiker und Atheisten bezeichnen, von der Religion nichts mehr wissen wollen und aus der Kirche austreten. Ist das gut für diese Menschen und gut für die Gesellschaft? Ich habe da meine Zweifel. Als erwachsener Mensch braucht man die Kirche nicht unbedingt, auch nicht die religiöse Lehre. Aber die über dem Menschen stehende transzendente Macht zu verneinen halte ich für gefährlich. Wenn man die Frage stellt "glaubst du an Gott?", dann steht dahinter ja die Frage, ob Gott ein Wesen ist, ein Geist oder so etwas. Ein aufgeklärter Mensch, der die Erfolge in der Raumfahrt verfolgt, kann sich das vielleicht nicht vorstellen. Die Frage müsste also zunächst mal lauten "was verstehst du unter Gott?". Für mich ist Gott nichts anderes als eine Metapher für die Unendlichkeit, eine Personifizierung der Unendlichkeit. Man personifiziert den Tod, das Böse als Teufel, ja sogar das Geld kann personifiziert werden (wie im Schauspiel "Jedermann", das jährlich bei den Salzburger Festspielen aufgeführt wird). Warum kann man nicht auch die Unendlichkeit personifizieren? Kein Mensch kann eine Unendlichkeit herstellen, dahin vordringen oder auch nur sie verstehen. Unendlich groß ist der Weltraum, unendlich klein sind die Bausteine der Materie und unendlich an Vielzahl sind die Ursachen und Wirkungen in der Natur. Wir Menschen, wie auch jedes Tier und jede Pflanze, sind unendlich komplexe Wesen. Die Unendlichkeit ist in uns und umgibt uns. Wir werden nie erfahren, wie wir eigentlich entstanden sind; denn wir kommen aus der Unendlichkeit. Unser Körper besteht aus zig Billionen Zellen, die alle einzeln versorgt werden, unterschiedliche Aufgaben haben und eine unterschiedlich lange Lebensdauer. Pro Sekunde sterben und entstehen ca. 50 Millionen Zellen. Außerdem leben auf jeder Zelle Bakterien und Viren, die für den Stoffwechsel verantwortlich sind. Gelangen schädliche Bakterien oder Viren in den Kreislauf, werden sie mit körpereigenen Mitteln bekämpft und unschädlich gemacht. Man kann sagen, dass die Natur auf Heilung programmiert ist. Gott ist somit nicht eine Frage des Glaubens, sondern eine Frage der Definition. Die Unendlichkeit kann man nicht in Frage stellen. Sie meint es gut mit ihren Geschöpfen, sie ist auf Heilung ausgerichtet, sie findet immer einen plausiblen Weg. Und sie ist allmächtig, dem Menschen weit überlegen. Fragen wie "wo war Gott in Auschwitz?" sind naiv. Die Unendlichkeit war natürlich auch dort. Es ist bedauerlich, dass Menschen sich von Gott abgewandt haben, weil sie die Auschwitz-Frage nicht beantworten konnten. Die Unendlichkeit/Gott lehrt, dass der Mensch nicht in der Lage ist, alles unter Kontrolle zu haben. Wenn ich mir ein Ziel gesetzt habe, es aber trotz eifrigsten Bemühens nicht erreiche, dann kann ich mich damit trösten, dass Gott es nicht gewollt hat. Diese Erkenntnis macht mich demütig und gleichzeitig frei von jedem Schuldgefühl. Ja, sie kann vielleicht sogar die Hoffnung erzeugen, dass meine vergeblichen Bemühungen zu etwas anderem gut sein werden. Das wäre dann Gottes Lohn. Menschen, die keinen Gott haben, tun sich da schwerer. Sie können ihren Frust über Missgeschicke nicht bei Gott abladen. Sie laufen Gefahr, über den Sinn des Lebens zu grübeln und darüber in Depressionen zu verfallen. Man soll ändern, was man ändern kann und hinnehmen, was man nicht ändern kann; und man soll Gott um die Weisheit bitten, das Eine vom Anderen unterscheiden zu können.

Gesundheit

Wenn es um Gesundheit geht, kann man zwei diametral entgegengesetzte Glaubensrichtungen beobachten: Die Einen, und sie sind wohl die Mehrheit, glauben, dass die Natur für den Menschen gefährlich, ja schädlich sei und deshalb bekämpft werden müsse. Sie benutzen chemische Mittel, um ihren Körper zu reinigen und zu verhindern, dass Bakterien in ihre Haut eindringen. Sie vergleichen ihren Körper mit einer Maschine, die von Zeit zu Zeit wie ein Auto zur Inspektion muss. Statt auf ihren Körper zu hören, leben sie unbekümmert und delegieren die Verantwortung für ihre Gesundheit an den Arzt und Apotheker. Stellen sich Schmerzen und Unwohlsein ein, bekämpfen sie diese mit Medikamenten und ignorieren den Beipackzettel, mit dem sich die Pharmaindustrie gegen Risiken und Nebenwirkungen absichert. Und sie fürchten und tabuisieren den Tod.

Die Anderen glauben, dass die Natur auf Heilung ausgerichtet ist. Sie hören auf ihren Körper, überfordern ihn nicht und beobachten genau, was und wie viel sie essen und trinken. Für sie ist der Körper keine Maschine sondern ein unendlich komplexes und aus der Unendlichkeit kommendes biologisches System, das sich bei vernünftiger Behandlung permanent selbst regeneriert. Sie meiden den Arztbesuch, wo sie nur können, und lehnen Medikamente ab, wie der Teufel das Weihwasser. Für sie ist Freiheit wichtiger als Sicherheit nach dem Motto: Nur der Mensch ist wirklich frei, der den Tod nicht fürchtet.

Nachdem die Bakterien erst relativ spät in unserer industrialisierten Gesellschaft entdeckt wurden, und Viren noch viel später, weiss man heute, dass jede Zelle des menschlichen Körpers - und er hat Billionen von Zellen - von vielen Bakterien und Viren besetzt ist, die diese für den Stoffwechsel braucht. Viren und Bakterien sind also lebensnotwendig. Wenn man sie systematisch bekämpft, gerät das Immunsystem des Körpers durcheinander. Asthma, Allergien, Durchfallerkrankungen etc. sind die Folgen. Die Natur bringt ständig neue Viren und Bakterien hervor, die auch mal zu Krankheiten führen können. Aktuell ist Covid-19 (Corona) ein solches Virus. Wenn solche Viren auf ein geschwächtes Immunsystem treffen, haben sie leichtes Spiel, in Körperzellen einzudringen und den Menschen krank zu machen. Bei einem starken Immunsystem werden im Blut Abwehrstoffe gebildet, die das Virus daran hindern, sich im Köper zu vermehren. So ist zu erklären, dass manche Menschen - mit schwachem Immunsystem - an Corona sterben und andere - mit starkem Immunsystem - nicht einmal merken, dass sie sich das Virus eingefangen haben. Man sollte also eine Pandemie immer von zwei Seiten betrachten: Da ist einmal das Virus, das sich unter den Menschen ausbreitet, und zum andern ist da das Immunsystem jedes Einzelnen. Nur wenn dieses schwach ist, hat das Virus eine Chance. Das Immunsystem wird schwach u. a. durch falsche Ernährung, zu wenig Bewegung, durch Stress, durch Medikamente, durch Schlafdefizite und durch seelische Schäden. Die bisher ergriffenen Maßnahmen der Regierungen in Europa zur Eindämmung der Corona-Pandemie sind in mehrfacher Hinsicht fragwürdig: Man gibt vor, Menschenleben retten zu wollen, aber die, die man retten will, sterben trotzdem in großer Zahl. Man schränkt das öffentliche Leben und die Freiheit des Einzelnen in einem nie gekannten Ausmaß ein, um die Zahl der Ansteckungen gering zu halten, aber die Zahlen liegen trotzdem weit über der Zielmarke. Man verbietet Aktivitäten, bei denen eine Ansteckungsgefahr kaum denkbar ist wie z. B. Tennis, Golf und Wanderungen mit Freunden in der freien Natur. Andererseits bleiben Aktivitäten mit hoher Ansteckungsgefahr erlaubt wie z. B. die Benutzung öffentlicher Verkehrsmittel, die Arbeit in Industriebetrieben und der Einkauf von Lebensmitteln. Im Fokus ist allein das Virus, nicht das Immunsystem der einzelnen Bürger. Das Immunsystem ist eine individuelle Angelegenheit und vom Staat nicht mit pauschalen Regelungen zu kontrollieren. Aber die Einschränkungen der Bewegungsfreiheit der Bürger haben ebenfalls eine individuelle Dimension. Jeder Einzelne soll sich daran halten, was aber nicht zu kontrollieren ist. Da fragt man sich, warum die Regierungen sich nicht auf die Vorgabe von Rahmenbedingungen beschränkt haben, um den Bürgern einen größtmöglichen Handlungsspielraum zu ermöglichen. Jeder Bürger kann doch selbst entscheiden, ob er seinem Immunsystem zutraut, mit dem Virus fertig zu werden und ob er sich dem zufolge in eine Ansteckungsgefahr begibt oder nicht. Auf diese Weise wäre eine Herden-Immunität schneller und kostengünstiger zu erreichen als auf dem jetzt eingeschlagenen Weg.

In diesem Zusammenhang sollte man auch mal einen Blick auf den Umgang mit der Krebs-Krankheit werfen. Da wird viel geforscht, um wirksame Behandlungsmethoden zu finden. Man macht den Leuten Angst und schickt sie regelmäßig zur Früherkennung, fälschlicherweise auch Vorsorgeuntersuchung genannt. Aber wenn man dabei was findet, dann ist der Krebs ja schon da. Wo kam er her? Diese Frage wird eigentlich nie gestellt, man fragt nur, was man dagegen tun kann. Das ist verständlich; denn angenommen es würde sich die Erkenntnis durchsetzen, dass der Krebs im Wesentlichen psychosomatische Ursachen hat, also durch eine misshandelte Seele verursacht wird, dann wäre diese Krankheit ja eine höchst individuelle Angelegenheit, deren Ursachen man nicht - zumindest nicht mit der herkömmlichen Medizin - beseitigen kann.

Der Mensch beutet seinen Körper aus und schädigt das Gleichgewicht zwischen Körper, Seele und Geist. Und er delegiert die Verantwortung für seine Gesundheit an den Staat, der mit seinem Gesundheitssystem diese Verantwortung auch übernimmt. Die Nachfrage nach Gesundheit durch die deutsche Bevölkerung verschlingt derzeit jeden Tag ca. 1 Mrd. €. Im Jahr mehr als 365 Mrd. €. Das ist ein riesiger Markt, an dem sich viele beteiligen wollen. Der Markt wird vom Staat gegängelt und ist somit höchst intransparent. Alle Systeme haben den Drang zu wachsen. Wenn man die verschiedenen Stellschrauben des Gesundheitssystems betrachtet, dann erkennt man, dass alle Parameter auf Wachstum und eine automatische Verteuerung angelegt sind. Es gibt in dem System keine einzige Kraft, die auf eine selbstregulierende Kostenbegrenzung angelegt wäre. Fangen wir beim Leistungsempfänger an. Er, also der zwangsversicherte Bürger, geht zum Arzt in dem Bewusstsein, dass ihn die Behandlung nichts kostet. Er geht im Zweifelsfall zehnmal mehr zum Arzt als einmal zu wenig. Er erwartet, dass sich in seinem Viertel eine Arztpraxis befindet und möglichst auch ein Krankenhaus. Er wird mit einschlägigen Postillen und auch durch die öffentlichen Medien in den Glauben versetzt, dass nicht er sondern der Arzt und Apotheker für den Erhalt bzw. die Wiederherstellung seiner Gesundheit prädestiniert seien. Es ist keine Seltenheit, dass ein Arbeitnehmer während der Dienstzeit den Arzt aufsucht, Stunden im Wartezimmer verbringt, sich wegen einer Bagatelle behandeln lässt, für mehrere Tage krankgeschrieben wird und teure Medikamente bekommt, von denen er nach der Genesung den größten Teil wegwirft. Und wer gerne mal einen kostenlosen Urlaub machen möchte, der lässt sich eine Kur verschreiben. Der Leistungsempfänger - ich vermeide bewusst den Ausdruck "Patient" - will es so haben und da die Politiker weiterhin von ihm gewählt werden wollen, bestärken sie ihn in dieser Einstellung. Die Abrechnung der Leistungen erfolgt nicht, wie es im Geschäftsleben üblich ist, zwischen Leistungserbringer und Leistungsempfänger sondern über mehrere Ecken. Der Arzt stellt seine erbrachten Leistungen periodisch zusammen und schickt diese Abrechnung über die kassenärztliche Vereinigung an die zuständigen Krankenkassen. Der zwangsversicherte Bürger sieht nicht, was der Arzt für seine Behandlung berechnet und die Krankenversicherung ist kaum in der Lage, die Korrektheit der Abrechnung zu überprüfen. Der Manipulation ist Tür und Tor geöffnet.

Früher hatten die Ärzte den Nimbus von Göttern in Weiß und die Kranken wurden durch die Bezeichnung Patient für unmündig erklärt. Denn der Begriff kommt aus dem Lateinischen und bedeutet der Leidende, der Erduldende, der, der es mit sich machen lassen muß. Diese Einstellung ändert sich langsam. Aufgrund des wachsenden Bildungsniveaus unserer Gesellschaft - das Internet trägt auch dazu bei - kommen immer mehr von Ärzten begangene Fehler ans Tageslicht. Und es werden immer mehr Betrügereien Einzelner an den Pranger gestellt. Der Halbgott wird allmählich zum ganz normalen Dienstleister.

Wir nennen es Gesundheitssystem aber man könnte es genau so gut als Krankheitssystem bezeichnen. Denn das System maximiert nicht die Zahl der Gesunden sondern die Zahl der Kranken und Medikament-Abhängigen. Früher galt mal ein Blutdruck von 160/95 mmHg noch als normal. Erst ab Werten darüber sprach man von Bluthochdruck, der sich nachteilig auf Gesundheit und Lebenserwartung auswirkt. Dann wurde dieser Wert auf 140/90 mmHg festgelegt. Durch einen Federstrich wurden also tausende von Menschen von heute auf morgen "krank". Je mehr Menschen krank sind, um so besser geht es dem System. Dabei wird es von Hilfstruppen aus anderen Systemen tatkräftig unterstützt. Die Zuckerhersteller verkaufen ungehindert ihre Produkte, obwohl bekannt ist, dass Zuckerkonsum im Übermaß krank macht. Aber viele Menschen können der Werbung dieser Industrie nicht widerstehen und setzen sich der Gefahr aus, krank zu werden. Eine weitere Hilfstruppe für das Krankheitssystem stellt die Hygieneindustrie dar. Sie führt, wenn man es genau betrachtet, einen Kampf gegen die Selbstheilungskräfte der Natur.

Erst kürzlich stand wieder einmal in der Zeitung, dass jedes 5. Kind in Baden-Württemberg krank sei, wobei Asthma und Hautallergien besonders weit verbreitet sind.

Die Politiker sind bemüht, einen Interessenausgleich zwischen den Bürgern (ihren Wählern) und den anderen Systemteilnehmern (Krankenhäuser, Ärzte, Pharmaindustrie) herzustellen. Sie sind jedoch beiden Seiten gleichermaßen verpflichtet. Die Bürger haben sonst keine Interessenvertretung. Obwohl sie sich laufend dagegen versündigen, sagen die Bürger, Gesundheit sei das höchste Gut:

- Wir leben in einer Wohlstands- und Überflussgesellschaft. In diesem Umfeld spielt die verkaufsfördernde Werbung eine große Rolle. Je geringer der Bildungsstand der Menschen, um so größer ist die Wirkung der Werbung, die ihre teuren aber ungesunden oder wirkungslosen Produkte an den Mann bringen will.
- Wenn bei den Menschen ein Leidensdruck entsteht, dann wollen sie sich umgehend davon befreien. Der medizintechnische Komplex gaukelt ihnen vor, dass das möglich sei durch Medikamente, Eingriffe in den Körper, Austausch von Organen usw..
- Viele Menschen sehen den Arzt in der Verantwortung für ihre Gesundheit, nicht sich selbst. Sie vertrauen dem Arzt und dem Apotheker mehr als den Selbstheilungskräften der Natur. Änderungen der eigenen bequemen Lebensweise sind höchst unpopulär.
- Ältere, vereinsamte Menschen suchen den Arzt auf, um mal wieder eine soziale Ansprache zu haben. Dafür war früher eigentlich die Kirche zuständig.
- Viele Menschen betrachten ihren Körper wie eine Maschine, die durchgecheckt, gewartet und notfalls repariert werden muss.
- Der Gedanke an den Tod wird verdrängt. Und wenn der Tod im Anmarsch ist, wird er bekämpft, koste was es wolle. Bei der immer mal wieder geführten Diskussion um den selbstbestimmten Tod habe ich das Gefühl,

dass hier die ethischen Argumente in den Vordergrund geschoben werden, um das Geschäft mit dem Todkranken nicht zu gefährden.

- Die Kosten des Gesundheitssystems werden nicht wahrgenommen. Es herrscht die Auffassung vor, dass man zum Arzt gehen könne, so oft man will, da es ja nichts koste.
- In vielen Bereichen herrscht Unwissenheit, die zur Panikmache benutzt wird. Dahinter steckt ein übertriebenes Sicherheitsbedürfnis auf der einen Seite und Geschäftsinteressen auf der anderen.
- Die Ärzteschaft hat ein großes Interesse daran, dass der einfache Bürger die Kosten seiner Behandlung nicht erfährt und aus dem Zahlungsverkehr ausgeblendet bleibt. Der Arzt nimmt seine Abrechnung in größeren Zeitabständen über die kassenärztliche Vereinigung direkt mit den Versicherungen vor. Denn nur so kann er mit Hilfe seiner Interessenvertretungen einfach und effektiv dafür sorgen, dass das bereit stehende Budget von Jahr zu Jahr größer wird. Derzeit liegt es bei über 1 Mrd. € - pro Tag!
- Dem "normalen" Bürger (Arbeitnehmer, pflichtversichert) werden die Beiträge zur Krankenversicherung vom Lohn abgezogen. Außerdem wird ihm vorgegaukelt, dass er nur die Hälfte der Beiträge zahlen müsse, die andere Hälfte würde der Arbeitgeber bezahlen. Dem Arbeitgeber aber ist es egal, ob er einen Versicherungsbeitrag an den Arbeitnehmer oder an eine Versicherungsinstitution auszahlt. Er trägt so oder so die Kosten.

Das Gesundheitssystem ist ein Gemisch aus Marktwirtschaft und zentraler Planwirtschaft. Die Patienten nehmen Leistungen in Anspruch, wie es ihnen gefällt. Der medizintechnische Komplex entwickelt eine marktwirtschaftliche Kraft, um zu wachsen. Es gibt keine selbstregulierende Kraft, die die Kosten begrenzt. Einzig die Politiker können dies tun. Sie wagen es aber nicht, beim Bürger (ihrem Wähler) anzusetzen. Statt dessen arbeiten sie sich am medizintechnischen Komplex ab mit Gesetzen, Verordnungen, Deckelungen, Verboten etc.. Das hat bisher wenig bewirkt. Um nachhaltig die Kosten zu begrenzen müssen Anreize geschaffen werden. Dafür kommen folgende Ansatzpunkte in Betracht:

- Der Arbeitnehmer bekommt seinen vollen Lohn ausbezahlt, auch seinen Anteil an der Krankenversicherung inkl. Arbeitgeberanteil.
- Die gesetzlichen Krankenversicherungen bieten unterschiedliche Tarife an, wie es heute die privaten Krankenversicherungen auch tun. Dann kann jeder wählen, ob er kleinere Behandlungen aus eigener Tasche zahlen will oder ob er eine Vollversicherung vorzieht. Wer die Versicherung über einen längeren Zeitraum nicht in Anspruch nimmt, erhält einen Schadenfreiheitsrabatt, wie es bei der Autoversicherung auch üblich ist.
- Der Arzt stellt seine Leistungen zeitnah dem Patienten in Rechnung. Der Patient ist für die Zahlung verantwortlich und leitet die Rechnung an seine Versicherung weiter.
- Der in unserer Gesellschaft üblichen versteckten und offenen Werbung für Produkte aller Art stellt der Gesundheitsminister eine Werbung für gesundes Leben entgegen. Zusätzlich wird für einige Schuljahre das Schulfach Gesundes Leben eingeführt mit dem erklärten Ziel, die Volksgesundheit zu verbessern. Dazu gehören die Bereiche Ethik, Gottvertrauen, Wirken der Natur, gesund sterben und ähnliches.

Ziel sollte es sein, den Bürger im Gesundheitssystem zu einem mündigen Kunden zu machen statt zu einem unmündigen Patienten, dem man nach Belieben das Geld aus der Tasche ziehen kann. Wenn möglichst viele Menschen schon in der Schulzeit lernen, das Gesunde vom Ungesunden zu unterscheiden, dann werden die Umsätze des medizintechnischen Komplexes und ihrer Helfershelfer stark zurückgehen. Dieser wird sich natürlich dagegen zur Wehr setzen. Es bleibt spannend zu beobachten, ob der politische Wille stark genug ist, sich gegen den medizintechnischen Komplex durchzusetzen.

Wir haben dargestellt, wie der Mensch funktioniert, welche Rolle er in den verschiedenen Systemen einnimmt, im Gesundheitssystem, im Bildungssystem, in der Demokratie und in der Religion. Sein Verhalten ist durch seine Kultur geprägt. Diese zu ändern, dürfte äußerst schwierig sein. Die Christen haben von ihrer Religion her den Freibrief, die Erde auszubeuten. Sie sind die Treiber des technischen Fortschritts und der industriellen Entwicklung und damit der Umweltzerstörung. Die Moslems haben von ihrer Religion her den Auftrag, ihre Nächsten (Verwandten) zu unterstützen, was dem Nepotismus und der Korruption Tür und Tor öffnet und die Staatenbildung erschwert. In Indien sind die Kühe und andere Tiere heilig, was auch nicht mehr ganz in die heutige Zeit passt. Aber wir wollen uns auf die Zustände in Deutschland beschränken und die Frage beantworten, was man gegen den Klimawandel tun kann. Dazu müssen wir uns zuvor noch mit der Bedeutung der Arbeit beschäftigen.

Arbeit

Wir haben eine Marktwirtschaft, also ein System, das sich nach Angebot und Nachfrage weitgehend selbst reguliert. Wir haben auch ein Sozialsystem, welches auf Gesetzen beruht, die allen Menschen eine gesicherte Existenz bieten sollen, auch denen, die nicht arbeiten können oder wollen. Aufgrund staatlicher Eingriffe kann man in einigen Bereichen auch von Planwirtschaft sprechen wie z. B. in der Landwirtschaft, im Bildungswesen, im Gesundheitswesen und im Wohnungsbau. Alle Menschen haben Bedürfnisse, die sie durch Kauf decken können: Nahrungsmittel, Wohnen, Mobilität, Unterhaltung etc.. Wenige Menschen haben Ideen, wie man die für die Bedarfsdeckung erforderlichen Güter und Dienstleistungen bereitstellen kann. Das sind die Unternehmer. Sie organisieren die Produktion dieser Güter und Dienstleistungen, schaffen Arbeitsplätze und geben vielen Menschen eine Beschäftigung. Der Staat stellt die notwendigen Rahmenbedingungen für diesen Prozess der Bedarfsdeckung zur Verfügung. Grob gesagt handelt es sich dabei um die Grundausbildung der Kinder, Jugendlichen und jungen Erwachsenen, um die Bereitstellung von Infrastruktur und um den Schutz des Systems vor Störungen von Außen. Die staatstragenden Politiker haben die wichtige Aufgabe, das System im Gleichgewicht zu halten. Das gelingt ihnen nur, wenn alle am System beteiligten Menschen mit ihrer Situation einigermaßen zufrieden sind. Das Geld, das der Staat für die Erfüllung seiner Aufgaben benötigt, holt er sich in Form von Steuern und Sozialabgaben von der arbeitenden Bevölkerung und von den Konsumenten. Ein beliebtes Mittel, Not leidende Bevölkerungsgruppen zu versorgen, ist die Alimentierung durch Umverteilung. Weitere Steuerungsinstrumente sind Verbote, die bestimmte Entwicklungen verhindern sollen, und Subventionen, die bestimmte Entwicklungen fördern sollen. Diese Instrumente sind mit Vorsicht zu genießen. Sie sind ein Eingriff in das sich selbst regulierende Wirtschaftssystem, versprechen zwar kurzfristige Wirkungen, sind aber selten nachhaltig und häufig kontraproduktiv. Was wirklich und nachhaltig wirkt, sind Anreize, d. h. Spielregeln, die aufzeigen, welches Verhalten für den Einzelnen von Vorteil ist. Den Menschen müssen Wege aufgezeigt werden, die für sie von Nutzen sind. Wir meinen hier nicht das kurzfristige Schnäppchen sondern den langfristigen Gewinn. Wer viel in seine Ausbildung investiert, kann im Berufsleben auf einen lukrativen Job hoffen. Das wäre der Anreiz für die Investition. Wer für seine Produktion in Deutschland hohe Kosten tragen muss, kann sein Unternehmen in ein Billiglohnland verlegen. Das wäre ein Anreiz, den der deutsche Staat eigentlich verhindern müsste.

Die Arbeit als Sinn-stiftende Qualität der menschlichen Existenz verliert diese Bedeutung zugunsten des Konsums. Der Mensch wird nicht mehr als schöpferische Kraft gesehen, die man braucht, um etwas herzustellen. Einerseits wird er als Kostenfaktor gesehen. Andererseits wird er als Verbraucher, als Konsument geschätzt, dem man etwas verkaufen kann. Arbeit ist nur mehr Voraussetzung für den Konsum. Schlimmer noch: Die arbeitenden Menschen werden zunehmend durch Maschinen ersetzt. Wenn man die Menschen fragt, warum sie arbeiten, dann wird man weit überwiegend die Antwort bekommen "weil wir müssen". Wir müssen arbeiten, um unsere Existenz zu sichern. Wer keine Arbeit findet oder durch seine Arbeit seine Existenz nicht ausreichend absichern kann, der wird durch Transferleistungen vom Staat alimentiert. Trotzdem findet man in der Bevölkerung verbreitet die Auffassung "wer nicht arbeitet soll auch nicht essen". Nun gibt es wohl Menschen, die sich gerne alimentieren lassen. Sie sind im Bürgertum geächtet. Die Mehrzahl der Alimentierten leidet jedoch unter ihrem Zustand, und noch mehr darunter, dass es ihnen nicht gelingt, eine bezahlte Arbeit zu finden. Und wenn sie eine gering bezahlte Arbeit finden, dann überlegen sie sich genau, ob sie mit ihrem Arbeitseinkommen mehr haben als zuvor; denn die staatlichen Zuwendungen werden um den Arbeitslohn reduziert.

Die Fürsorge, die früher in der Gruppe oder in der Familie wahrgenommen wurde, ist heute an den Staat delegiert. Der Staat beansprucht die Sorgepflicht für seine Bürger. Dafür braucht er viel Geld. In diesem Zusammenhang stellt sich die Frage, warum eigentlich ein so knappes und kostbares Gut wie die Arbeit besteuert wird. Es leuchtet ein, dass der Staat den Konsum besteuert, schädliche Produkte sogar doppelt (Tabaksteuer plus Umsatzsteuer, Mineralölsteuer plus Umsatzsteuer). Aber Steuern auf Arbeitseinkommen? Immer mehr Arbeitsabläufe werden mechanisiert, automatisiert und digitalisiert. Das heißt, Menschen werden durch Maschinen ersetzt. Aber die arbeitenden Maschinen zahlen keine Steuern. Hier einige Zahlen des Statistischen Bundesamtes aus den Jahren 2017 bis 2019, die eine Vorstellung von den Größenordnungen des Steueraufkommens durch Arbeit in Deutschland vermitteln sollen:

Bevölkerungszahl 2018 insgesamt Mio.	81,612
Kinder unter 15 Jahre 2018 * Mio.	10,836
Personen älter als 65 Jahre ** Mio.	17,280
Erwerbstätige Personen 2019 Mio.	45,480
Versicherungspflichtige Personen 2019 Mio.	33,300
Gesamtes Steueraufkommen in Mrd. €	734,513
Lohn- und Einkommensteuer 2017 in Mrd. €	254,952
Umsatz- und Einfuhrumsatzsteuer 2017 in Mrd. €	226,356
Sozialleistungen 2019 ohne Versicherungen Mrd. €	410,5
Sozialleistungen 2019 aus Versicherungen*** Mrd. €	629,8

*nicht erwerbstätig, ** davon 1,295 Mio. erwerbstätig, *** Altersvorsorge, Krankheit

Es ist davon auszugehen, dass die gesamte Bevölkerung versorgt ist. Auch die, die nicht erwerbstätig sind und nicht versicherungspflichtig, haben ihr Auskommen. Dafür sorgen Heerscharen von Mitarbeitern in Job-Centern, sozialen Einrichtungen, Ministerien, Versicherungsanstalten. Auch die Gewerkschaften haben hier eine wichtige Funktion. Sie sorgen dafür, dass Kostenreduzierungen - z. B. durch Automatisierung - nicht allein den Unternehmern zugute kommen sondern auch den Arbeitnehmern. Besonders interessant ist, dass die Besteuerung der Arbeit und die Besteuerung des Konsums in der gleichen Größenordnung und weit über allen anderen Steuerquellen liegen. Die Arbeit wird aber zusätzlich noch dadurch verteuert, dass man ihr die Hauptlast der Kosten für das Sozialsystem anhängt, also für Krankenversicherung und Altersvorsorge. Wenn jemand arbeitslos wird, dann hat das negative Auswirkungen auf das Lohnsteueraufkommen des Staates, auf die Einnahmen der Krankenkassen und auf die Sicherung der Altersrenten. Wie das Kaninchen auf die Schlange, so schaut die Regierung auf die Arbeitslosenquote. Es gibt allenthalben staatliche Bemühungen zur Sicherung von Arbeitsplätzen mit teils fragwürdigen Resultaten. Die Politiker werden erpressbar gegenüber Unternehmen, die Personal abbauen müssen. Der Staat ist geneigt, mit Subventionen in die Marktwirtschaft einzugreifen und damit höchst unliebsame Nebenwirkungen zu erzeugen. So wurde vor einigen Jahren die Autoindustrie gefördert, indem eine Abwrackprämie an diejenigen Autokäufer gezahlt wurde, die ihr (noch fahrtüchtiges) Auto verschrotten liessen und dafür eine Neues kauften. Das war eine unverantwortliche Ressourcen-Verschwendung mit dem Ziel, Arbeitsplätze zu erhalten. Ein anderes Bespiel für die Fragwürdigkeit von Subventionen ist der Fall Philipp Holzmann: Am 25. Oktober 1999 feierte die international tätige Baufirma Philipp Holzmann noch den 150. Geburtstag. Am 23. November 1999 wurde der Insolvenzantrag gestellt. Ein „Rettungspaket" der damaligen Bundesregierung verlängerte das Dahinsiechen der Firma. Bis März 2002 verringerte sich die Belegschaft von 28.300 auf 10.600, dann war die Philipp Holzmann AG endgültig pleite, und die restlichen Arbeitsplätze gingen auch noch verloren.

Wenn Gesetze geplant werden, die aus übergeordneter Sicht sinnvoll sind, dann ist man schnell mit dem Argument bei der Hand, das koste Arbeitsplätze. Und so unterbleibt häufig die aus übergeordneter Sicht sinnvolle Maßnahme. Das gilt insbesondere, wenn es um Umweltschutz geht. Arbeit - sofern es sich um die Herstellung von technischen Geräten handelt - bedeutet immer einen Eingriff in die Natur. Die Rohstoffe werden der Natur entnommen und teilweise mit erheblichem Aufwand an Wärmeenergie zu brauchbaren Gegenständen verarbeitet. Damit steht diese Art von Arbeit diametral den ökologischen Interessen gegenüber. Die Produkte aus dieser Arbeit müssen verbraucht werden, damit den Arbeitern die Arbeit nicht ausgeht. Die Bevölkerung wird nicht zum Sparen angehalten sondern zum Konsumieren. Die Produkte werden tendenziell auf eine immer kürzere Lebensdauer ausgelegt und so, dass man sie nicht reparieren kann bzw. dass sich eine Reparatur nicht lohnt. Aus ökonomischer Sicht ist das für den Staat von Vorteil; denn so werden Arbeitsplätze geschaffen und erhalten. Wir sind eine Wegwerfgesellschaft. Aus ökologischer Sicht ist das eine Katastrophe. Man kann es auf den Punkt bringen: *Wir müssen die Umwelt zerstören, sonst haben wir nichts mehr zu tun.* Auch ist bemerkenswert, dass Arbeitsplätze, die technische Produkte produzieren, in der Regel eine viel höhere Vergütung bringen, als Arbeitsplätze im Dienstleistungsbereich. Womit ist es gerechtfertigt, dass ein Arbeiter, der Autos zusammenschraubt, viel mehr verdient als beispielsweise eine Krankenschwester oder eine Kindergärtnerin? Warum werden Paketboten, Erntehelfer und Mitarbeiter in Schlachthöfen so schlecht bezahlt, dass sie kaum eine Familie davon ernähren können?

Schließlich müssen wir noch einen Blick auf unser Sozialsystem werfen. Da ist festzustellen, dass fast die Hälfte der Menschen in Deutschland von Transferleistungen leben. Das heißt, die Hälfte der Bevölkerung arbeitet, damit auch die andere Hälfte, die nicht erwerbstätig ist, leben kann. Es gibt einen Wust von Hilfsleistungen wie Mütterrente, Kindergeld, Arbeitslosengeld etc., der selbst von den meisten Politikern nicht mehr überschaut werden kann. Niemand muss betteln. Hinter all den Hilfsleistungen steht als Deckmäntelchen die Forderung nach Gerechtigkeit. Und hinter der Auszahlung der Hilfsleistungen stehen Heerscharen von Mitarbeitern in zahlreichen Ämtern und Institutionen, die darauf achten, dass kein Unbefugter von der Hilfsleistung profitiert. Ein weiteres Problem betrifft die Altersversorgung. Früher konnte man eine Lebensversicherung abschließen, über die man am Ende der Laufzeit mehr als doppelt so viel ausbezahlt bekam wie man eingezahlt hatte. Seit einigen Jahren liegen die Zinsen für Kredite praktisch bei Null, und das gilt natürlich auch für die Sparer. Finanzinvestoren, die das Geld von Sparern verwalten, verlegten sich darauf, Firmen aufzukaufen, sie durch Personalabbau zu sanieren und dann teuer weiter zu verkaufen, um so noch eine Rendite für ihre Geldanleger zu erwirtschaften.

Unser Wohlstand beruht auf der Ausbeutung der Ressourcen der Erde. Die Risiken und Nebenwirkungen dieses Handelns werden nicht beachtet. Ein Beispiel möge dies erläutern: Die Bauern produzieren nach industriellen Maßstäben Fleisch und Milch. Die Verbraucher kaufen diese Produkte in Mengen zu einem sehr niedrigen Preis. Bei der Produktion fallen große Mengen an Gülle an, die auf den Feldern ausgebracht wird. Es wird mehr ausgebracht, als der Boden und die darauf wachsenden Pflanzen aufnehmen können. Der Überschuss sickert ins Grundwasser. Das

Grundwasser dient der Trinkwasserversorgung der Menschen. Wenn es durch die Gülle verunreinigt ist, muss es in aufwendigen Verfahren gereinigt werden, damit es für die Menschen genießbar bleibt. Die Kosten dafür werden dem Wasserpreis zugeschlagen. Was hat man letzten Endes gewonnen? Die Menschen haben billige tierische Produkte, müssen dafür aber einen höheren Preis für ihr Trinkwasser bezahlen. Dieser Mechanismus lässt sich an vielen Stellen beobachten. Krasse Bespiele für Ressourcen-Vernichtung liefern der Textilhandel, der Versandhandel und Bäckereien. Viele Menschen lassen sich durch die Werbung zum Kauf von Kleidungsstücken verführen, die sie nicht ein Mal anziehen. Modehäuser kaufen ihre Ware für eine Saison ein und wollen sie am Ende der Saison verkauft haben. Das gelingt meist nicht. Die übrig gebliebene Ware in den Schlussverkauf zu bringen ist problematisch, da dies für die Kunden ein Anreiz sein könnte, mit ihrem Einkauf zu warten, bis der Preis auf die Hälfte gesunken ist. Viele Modehäuser verbrennen daher ihre Restware. Genau so machen es viele Bäcker, die in ihren Filialen auch noch am Abend ein großes Sortiment bereithalten wollen. Das, was übrig bleibt, wird vielerorts verbrannt. Der Versandhandel kämpft mit hohen Retouren-Quoten. Das hat u. a. damit zu tun, dass die Kosten für die Rücksendung der Ware nicht vom Kunden getragen werden müssen. Manchen Versandhändlern ist es zu aufwendig, die retourierte Ware zu prüfen, neu zu verpacken und einzulagern. Sie vernichten die Ware. Verschenken kommt nicht in Frage, da sie dann Mehrwertsteuer zahlen müssten. Und der Überfluss erzeugt eine riesige Menge an Müll, Müll von Verpackungen und Müll von nicht mehr benötigten oder defekten Geräten. Und Müll aufgrund des technischen Fortschritts. Es muss immer etwas Neues auf den Markt kommen, damit die Hersteller nicht arbeitslos werden. Die Werbung sorgt dafür, dass die Menschen es haben wollen und kaufen, obwohl sie es nicht unbedingt brauchen. Das Alte wandert dann in den Müll. Oftmals ist es auch so, dass ein Wirtschaftszweig profitiert, während die Nebenwirkungen vom Steuerzahler getragen werden müssen. Geradezu pervers ist es, wenn dieses Tun der Profiteure von der EU oder vom eigenen Staat auch noch subventioniert wird. Und wenn ein Großteil der Produktion ins Ausland exportiert wird. Deutschland exportiert z. B. in großem Umfang Schweinefleisch nach China, aber die Jauche bleibt im Land. Hier eine Zusammenfassung der heutigen Gegebenheiten:

- Die Bevölkerung ist auf Konsumieren getrimmt, nicht auf Sparsamkeit.
- Alle wollen eine möglichst gut bezahlte Arbeit haben. Bei gering vergüteten Jobs besteht Personalmangel (z. B. bei sozialen Berufen wie der Alten- und Krankenpflege).
- Je höher das Einkommen, um so höher der Prozentsatz der steuerlichen Abgaben und um so höher der Anreiz, Einnahmen am Finanzamt vorbei zu lenken. Das begründet einen hohen Arbeits- und Personalaufwand bei den Finanzämtern.
- Die hohen Lohnkosten in der Industrie bilden einen Anreiz, die Produktion in Billiglohnländer zu verlagern und die Arbeiter durch Maschinen zu ersetzen.
- Es gibt viele prekäre Beschäftigungsverhältnisse mit staatlicher Subventionierung. Der gezahlte Lohn deckt nicht den Lebensunterhalt des Arbeitnehmers und seiner Familie. Altersarmut ist vorprogrammiert.
- Allein-Erziehende sind wirtschaftlich besonders benachteiligt.
- Aus Angst vor steigender Arbeitslosigkeit ist die Regierung erpressbar und zu populistischen Maßnahmen geneigt. Dann werden Not leidende Unternehmen subventioniert (s. Beispiel Phillip Holzmann) und/oder unsinnige Maßnahmen zur Konjunkturankurbelung beschlossen (z. B. Abwrackprämie im Autohandel) und damit Res-

sourcen verschwendet und Geld zum Fenster hinaus geworfen.
- Generell besteht ein Zielkonflikt zwischen dem Bestreben nach wirtschaftlichem Wachstum und Umweltschutz. Je mehr Wachstum, umso mehr Arbeitsplätze, aber umso größer ist die Umweltbelastung. "Wir müssen die Umwelt zerstören, sonst haben wir nichts mehr zu tun" so könnte man es auf den Punkt bringen.
- Es gibt eine Unmenge an Sozialleistungen, die vielfach als Wahlgeschenk eingeführt wurden und deren Effekte niemals evaluiert wurden. So profitieren heute oftmals die Falschen davon.
- Das Wirtschaftswunder nach dem zweiten Weltkrieg hat die Gewerkschaften und den Gesetzgeber verleitet, soziale Hängematten einzuführen, die sich in der heutigen Zeit mehr und mehr als kontraproduktiv erweisen. Dazu zählen Arbeitsplatzgarantien (führt zum Boom der Leiharbeit), Mindestlohn (birgt die Gefahr, dass Arbeitsplätze verschwinden), Mieter-Kündigungsschutz (schreckt Investoren ab, in Mietwohnungen zu investieren) etc..
- Aufgrund der Bevölkerungsentwicklung stehen immer weniger Junge für die Altersabsicherung der Alten zur Verfügung.
- Die Sparer müssen damit rechnen, dass ihr Geld an Wert verliert, dass sie gegen Ende ihres Lebens weniger ausbezahlt bekommen, als sie eingezahlt haben.

Sollte ein Konjunktureinbruch kommen mit einem Anstieg der Arbeitslosigkeit, dann wird die Finanzierung unseres Sozialsystems ein großes Problem. Die staatlichen Eingriffe sind immer mit einem Wust von Vorschriften verbunden und zahlreichen Kontrollinstanzen mit Heerscharen von Mitarbeitern. Diese laufen Gefahr, sich in Wahrnehmung ihrer Aufgaben gegenüber den Bürgern als Obrigkeit zu verhalten. Das lässt sich besonders bei den Arbeitsagenturen beobachten, wo die Arbeitslosen verwaltet werden.

Der Mensch ist so beschaffen, dass er macht, was er kann. Wenn der Wohlstand groß ist, dann ist auch die Verschwendung groß. In der Gesellschaft wächst die Erkenntnis, dass Wirtschaftswachstum dem Umweltschutz diametral entgegensteht. Aber aus dieser Erkenntnis wirksame Maßnahmen abzuleiten, fällt den Verantwortlichen schwer. Man hat erst einmal Ziele definiert, wie die Begrenzung des CO_2-Ausstoßes und des weltweiten Temperaturanstiegs. Aber was man tun muss, um diese Ziele zu erreichen, bleibt im Dunkeln. Das Bruttosozialprodukt als Messgröße für den Wohlstand wird bereits hin und wieder infrage gestellt. Man schaut mit einer gewissen Bewunderung auf den Himalaja-Staat Bhutan, dessen Armut mit der Messgröße des Brutto-National-Glücks überdeckt wird. Und immer mal wieder wird über das bedingungslose Grundeinkommen (BGE) diskutiert. Die Befürworter erhoffen sich dadurch das Ende ihrer existentiellen Sorgen, die Gegner halten es für nicht finanzierbar und meinen, dadurch würde der Leistungswille der arbeitenden Bevölkerung untergraben. Wenn man davon ausgeht, dass durch das BGE insgesamt die Bevölkerung nicht reicher sein soll als vorher, dann ist die Finanzierung kein Problem. Es ist ein Nullsummenspiel, eine Änderung des Systems von Geben und Nehmen. Lange war die Frage, ob die Menschen mit BGE so fleißig arbeiten würden wie ohne, ein Streitthema. Solange der Konsum Richtwert für den Wohlstand ist, mag die Sorge begründet sein. Aber immer mehr Menschen kommen zu der Erkenntnis, dass der Konsum zu Gunsten der Umwelt reduziert werden muss. Damit wird auch dieses Argument bedeutungslos. Es wäre aber verfehlt, die Herstellung von Produkten, die viele Menschen haben wollen, zu verbieten. Aber was wollen denn die Menschen und warum wollen sie es? Nehmen wir als Beispiel die Mobilität, die für wohl alle Menschen eine hohe

Bedeutung hat, zugleich aber für die Umwelt von großem Schaden ist. Man ist dabei, mit großem Tamtam und staatlicher Unterstützung von Verbrennungsmotoren auf Batterie-betriebene Elektroantriebe umzustellen und glaubt, wenn der Strom dafür aus Windrädern kommt, dann sei das Klima gerettet. Jüngst wurde dazu eine Studie veröffentlicht, der man entnehmen konnte, dass ein solches Elektroauto teils mehr als 160.000 km fahren muss, um ökologisch besser da zu stehen, als ein herkömmliches Auto. Dies ist dadurch zu erklären, dass der Aufwand an Energie für die Herstellung der Batterien ungleich größer ist als für die Herstellung eines Verbrennungsmotors inkl. des Treibstoffs für 160.000 km Fahrt. Mit anderen Worten: Das Elektroauto rettet das Klima nicht. Dann machen wir es eben mit Wasserstoff! Die Rechnung geht aber auch nicht auf. Man nimmt Strom aus Windenergie, zerlegt damit Wasser in seine Bestandteile und verwendet den so gewonnenen Wasserstoff für den Auto-Antrieb. Der Wirkungsgrad dieses Verfahrens ist minimal. Das spielt keine Rolle, sagen die Befürworter, denn die Windenergie kostet ja nichts. Ja, dann müssten aber endlos viele Windräder im Einsatz sein. Wollen wir das? Man hat den Eindruck, die Menschen glauben, man könne die umweltschädlichen Effekte der Technik durch neue Technik beseitigen, wie mit einem Perpetuum Mobile. Das gibt es bekanntlich nicht.

Statt Wachstum zu fordern müsste man Sparsamkeit predigen. Das fängt schon bei der Arbeit an. Warum arbeiten die Menschen 40 Stunden und mehr in der Woche, wenn es gleichzeitig Millionen von Menschen gibt, die keine Arbeit haben? Warum exportieren wir seit Jahren mehr als wir importieren? Warum muss man mit Höchstgeschwindigkeit von A nach B kommen? Warum muss man überhaupt nach B, warum bleibt man nicht in A? Die Digitalisierung macht das Home Office und die Kommunikation in Bild und Ton über beliebige Entfernungen möglich. Man müsste eine Geschichte erfinden, die so überzeugend ist, dass die Menschen ihr Leben freiwillig endschleunigen wollen. Dann wären die Autobahnen bevölkert mit Fahrradfahrern, Reitern, Pferdefuhrwerken und auch Wanderern. Nach dem Motto "Leben ist Begegnung" würden sich viele Reisebegleitungen bilden, die sich gegenseitig aus ihrem Leben erzählen und ihre Probleme austauschen. Man bräuchte nicht mehr den Jakobsweg nach Santiago de Compostela zu wandern, um zu sich selbst zu finden. Ist das realistisch? Auf absehbare Zeit wohl kaum. Wenn Menschen mit Raucherlunge, Kehlkopfkrebs und den Tod vor Augen immer noch rauchen, dann werden sie auch angesichts der Umweltkatastrophe weiterhin technische Produkte haben wollen, die ihrer Bequemlichkeit dienen. Wie geht es weiter? Wir könnten abwarten, bis es keine fossilen Brennstoffe mehr gibt. Das kann noch einige Hundert Jahre dauern. An Sturmfluten, Überschwemmungen und Trockenheit in anderen Gegenden können sich die Menschen gewöhnen. Gefährlich wird es, wenn der Meeresspiegel steigt. Dann werden Flüchtlingsströme von unbekanntem Ausmaß in Gang gesetzt. Und die Meisten werden nach Europa wollen. Müssen wir uns darüber heute schon Sorgen machen?

Angesichts dieser Perspektive sollte es möglich sein, dem Widerspruch von Ökonomie und Ökologie zumindest entgegen zu wirken. Ich sehe das bedingungslose Grundeinkommen (BGE) als eine Möglichkeit dazu an. Das BGE taucht derzeit in den Medien immer mal wieder auf. In verschiedenen Gegenden der Erde wurden schon Tests damit durchgeführt. In Deutschland können sich Bürger für einen Testlauf zur Verfügung stellen. Sie bekommen, wenn das Los auf sie fällt, zwei Jahre lang monatlich 1.000 € ausbezahlt und werden dafür beobachtet, wie sie damit leben. Ich halte diese Tests für ungeeignet, die Wirkung des BGE auf die Menschen zu beurteilen. Denn zwei Voraussetzungen werden nicht eingehalten: a) ist der Test zeitlich begrenzt und b) erhalten die Testteilnehmer das BGE zusätzlich zu dem, was sie bereits haben.

Wie würde sich das Verhalten der Menschen ändern, wenn wir das bedingungslose Grundeinkommen hätten und nicht mehr die Arbeit, sondern nur der Konsum besteuert würde? Spricht man Wohlstandsbürger darauf an, was sie vom bedingungslosen Grundeinkommen (BGE) halten, so bekommt man - zumindest geht es mir so - fast immer eine negative Antwort. Das Hauptargument lautet, das BGE würde die Leistungsbereitschaft der Menschen verringern, die Menschen würden nicht mehr arbeiten wollen. Die, die diese Meinung vertreten, würden selbstverständlich weiterhin arbeiten. Aber eben die Anderen würden es nicht tun. Auf welchem Standpunkt stehen die Menschen, die diese Meinung vertreten? Welches Menschenbild steht dahinter? Wie dem auch sei, wenn sie Recht hätten, ginge das genau in die richtige Richtung; denn genau das wollen wir erreichen, dass zu Gunsten der Umwelt weniger gearbeitet wird. Ein weiteres Argument gegen das BGE bezieht sich auf die Finanzierbarkeit. Dahinter steckt offenbar der Glaube, durch das BGE würden alle Menschen um die monatliche Auszahlung reicher. Wir gehen jedoch von der Annahme aus, dass es sich um ein Nullsummenspiel handelt. Im Durchschnitt werden die Empfänger des BGE nicht mehr haben als zuvor. Der Anreiz, dass die Menschen aufgrund des BGE ihre Leistungsbereitschaft etwas zurückfahren, wird verstärkt, wenn nicht mehr die Arbeit sondern nur noch der Konsum besteuert wird. Das sollte auch für Lebensmittel gelten. Wenn man bedenkt, dass in unserer Überflussgesellschaft mehr als ein Drittel aller Lebensmittel weggeworfen werden und dass in Deutschland heute die Kosten für Ernährung besonders niedrig sind im Vergleich mit anderen Ländern, dann sollte es nicht schwerfallen, den vollen Mehrwertsteuersatz auch auf Lebensmittel anzuwenden. Der Einwand, dass dann ärmere Bevölkerungsschichten benachteiligt seien, ist nicht stichhaltig. Nicht die Ärmeren sind benachteiligt, sondern die Bildungsfernen. Wenn man im Supermarkt Einkaufswägen von Menschen beobachtet, die man dem Prekariat zuordnet, dann fällt folgendes auf: Die Menschen sind erkennbar übergewichtig, ihr Einkaufswagen ist voller Süßigkeiten, Nasch- und Knabberzeug, alkoholischen und überzuckerten Getränken. Gesunde Lebensmittel sind unterrepräsentiert. Wenn diese Menschen gesunde Lebensmittel einkaufen würden, dann wären ihre Ausgaben dafür wesentlich geringer. Sie kaufen also all das Zeugs nicht ein, weil sie arm sind, sondern weil sie es nicht besser wissen. Dagegen kann man aber was machen. Man sollte den Kindern schon in der Schule beibringen, wie man sich gesund ernährt.

Umwelt

Die Erde ist, verglichen mit allen Systemen, die der Mensch erdacht hat, gewaltig und übermenschlich in zweifacher Hinsicht: Durch die Anzahl und Komplexität der Wirkungen und Wechselwirkungen und durch die Zeitdauer, über die die vorhandenen Kräfte wirken. Das Alter des Universums wird auf 13,7 Milliarden Jahre geschätzt, das der Erde auf 4,57 Milliarden Jahre. Seit 3,8 Mrd. Jahren gibt es Einzeller und seit 2,4 Mrd. Jahren die Photosynthese. Vor 470 Mio. Jahren erschienen die ersten Wirbeltiere, vor 20 Mio. Jahren die Menschenaffen und vor 0,19 Mio. Jahren der Homo sapiens, der vor 10.000 Jahren mit Ackerbau und Viehzucht sesshaft wurde. Im Laufe der Erdgeschichte fand mehrmals ein Massenaussterben der Arten statt. Vor 300 bis 360 Mio. Jahren (Karbon-Zeitalter) wuchsen tropische Wälder mit Schachtelhalm-Bäumen, die danach langsam in Kohle umgewandelt wurden. Das hat den CO_2-Gehalt der Luft reduziert und den Sauerstoffgehalt erhöht, was für die Entwicklung von Leben förderlich war. Vor 65 Mio. Jahren war es vorbei mit den Dinosauriern. Es gab mehrere Eiszeiten, kontinentale Verschiebungen, tektonische Verwerfungen und Veränderungen der Luftzusammensetzung von einem hohen CO_2-Anteil zu einem hohen Sauerstoffanteil. Der Mensch ist die jüngste Kreation des Kosmos und so erfolgreich, dass er heute selbst zur maßgeblichen Größe für die Gestaltung der Erde geworden ist. Man spricht daher schon vom Anthropozän als neuem Erdzeitalter. Der Einfluss des Menschen reicht heute aus, das Ökosystem Erde zu verändern. Der Zustand in den letzten 10.000 Jahren hat die Entstehung einer menschlichen Zivilisation erlaubt, aber auch die Instrumente geschaffen, den Ast abzusägen, auf dem wir sitzen. In der Geschichte sind schon einige menschliche Zivilisationen an Umweltveränderungen zugrunde gegangen; jetzt steht aber möglicherweise die menschliche Zivilisation insgesamt auf dem Spiel. Das bisher vorherrschende Denken jedenfalls führt in einen Zustand der Erde, wie wir ihn niemals erlebt haben und der nach allem, was wir wissen, auch nicht erstrebenswert ist. Wir sind aus der Natur hervorgegangen. Wir brauchen die Natur, aber die Natur braucht uns Menschen nicht. Müssen wir Angst haben um die Zukunft unserer Enkel? Was wird getan, um der bedrohlichen Entwicklung entgegen zu wirken? Das, was getan wird, ist gradezu grotesk. Da wird beschlossen, dass die globale durchschnittliche Temperaturerhöhung in diesem Jahrhundert 2 ^{0}C nicht überschreiten soll. Mal abgesehen davon, dass der Mensch das gar nicht in der Hand hat, stellt sich die Frage, was denn im nächsten Jahrhundert passiert. Man weiss, dass selbst wenn man heute den CO_2-Ausstoß in der Welt auf 0 reduzieren würde, die Klimaveränderung aufgrund des gegenwärtigen CO_2-Gehalts der Luft noch über Jahrzehnte fortschreiten wird. Und man pumpt weiterhin CO_2 in die Luft, um Strom zu erzeugen. In Australien, das über erhebliche Ressourcen an Kohle verfügt und der größte Kohle-Exporteur der Welt ist, soll demnächst das größte Kohlebergwerk der Welt in Betrieb gehen. Projektträger ist ein indischer Mischkonzern. Die geförderte Kohle soll zur Stromerzeugung nach Indien gehen. Die Firma Siemens wurde beauftragt, die Bahnstrecke vom Kohlebergwerk zum Hafen mit Signalanlagen auszurüsten, ein lächerlich kleiner Anteil am Gesamtprojekt. Junge Menschen in Deutschland gehen auf die Straße, um dagegen zu protestieren. Wird der zu erwartende CO_2-Ausstoß verhindert, wenn Siemens aus dem Projekt aussteigen würde? Sie sollten nach Indien gehen und dort dagegen protestieren, dass neue Kohlekraftwerke gebaut werden. Wenn man bedenkt, dass bei derzeitigem Fördervolumen die australischen Vorräte an Steinkohle noch 111 Jahre und die an Braunkohle noch 539 Jahre ausreichen (laut Wikipedia), dann bleibt noch viel Zeit, um das Klima zu schädigen. Was die Endlagerung von Atommüll betrifft, sucht man nach Lagerstätten, die für einen Zeitraum von 1 Mio. Jahren sicher sind. Was die Veränderung der Luftzusammensetzung betrifft denkt man nur bis zum Jahr 2050. Was macht es aus, wenn der Anstieg der Weltmeere um 3 m und mehr im Jahr 2100, 2200 oder noch später erreicht ist? Durch die heutigen Maßnahmen wird das Problem allenfalls zeitlich verschoben.

Weitere kontraproduktive Maßnahmen zum Klimaschutz lassen sich in der Politik der Bundesrepublik Deutschland beobachten. Es geht um die Forderung, dass Klimaschutzmaßnahmen sozialverträglich sein sollen. Da wird der Kraftstoffpreis künstlich erhöht und gleichzeitig die km-Pauschale für den Weg zur Arbeit ebenfalls erhöht. Es werden Zeitpunkte für die Abschaltung von Braunkohlekraftwerken festgelegt und große Beträge für die Menschen versprochen, die ihren Arbeitsplatz verlieren, ohne zu wissen, welchen neuen Aufgaben man diese Menschen zuführen kann. Und das geschieht in Deutschland, wo nur weniger als 2 % des globalen CO_2-Ausstoßes verursacht wird. Was ist mit USA, China und Indien?

Wie bereits ausgeführt, verdanken die Industrieländer ihren Reichtum der Ausbeutung der fossilen Energieressourcen. Bis vor ca. 200 Jahren beruhten alle Bau- und Transportmaßnahmen auf Muskelkraft. Je mehr man diese Kraft durch fossile Energie ersetzen konnte, um so mehr galt das als Fortschritt. Erst die Eisenbahn, dann das Auto, Schiffe, Flugzeuge, Baumaschinen, alles diente der Bequemlichkeit immer größerer Bevölkerungsgruppen. Auch die noch unterentwickelten Länder streben nach diesem Fortschritt. Die höchste, weil bequemste Energieform ist die Elektrizität. Sie kommt noch weitgehend durch Umwandlung fossiler Energieträger zustande, hat aber das Potential, auch ganz ohne Kohle, Öl oder Gas erzeugt werden zu können. Ein Nachteil von Strom ist, dass er in dem

Moment verbraucht wird, in dem er erzeugt wurde. Die ganze Menschheit, von wenigen Naturvölkern abgesehen, hat sich an einen Energie verbrauchenden Lebensstil gewöhnt und ist nicht bereit, freiwillig davon abzugehen. Ein Leben ohne Elektrizität kann man sich gar nicht mehr vorstellen. Langsam entwickelt sich zwar ein Umweltbewusstsein, aber wenn es darum geht, etwas zu ändern, dann schaut man immer auf die Anderen. Da werden Unternehmen kritisiert, die mit ihrer Produktion die Umwelt schädigen. Aber es wird ignoriert, dass es die Bevölkerung ist, die die Produkte haben will, und das zu einem möglichst geringen Preis. Also wenn man nach Wegen sucht, den CO_2-Ausstoß zu reduzieren, dann muss man beim Verbraucher anfangen, nicht beim Produzenten. Ein großes Hindernis bei diesem Bemühen ist der Zusammenhang von Arbeit und Produktion. Wenn die Produktion reduziert oder eingestellt wird, dann gehen Arbeitsplätze, und damit Steuereinnahmen, verloren. Wir glauben, diesem Widerspruch entgegenwirken zu können, indem die Steuer von der Arbeit auf den Konsum verlagert wird und ein bedingungsloses Grundeinkommen eingeführt wird, das ebenfalls aus dem Konsum finanziert wird. Industrieprodukte würden damit erheblich teurer, aber das Grundeinkommen gleicht diesen Effekt teilweise wieder aus. Die Überlegung ist nun folgende: Die Menschen werden die Anschaffung z. B. eines neuen Autos weit hinausschieben und ihr altes noch Jahre länger behalten. Wenn sie ihr altes Auto schließlich privat (ohne MWSt.) verkaufen, erhalten sie dafür möglicherweise einen höheren Preis als heutzutage, wo manche Autos verschrottet werden, obwohl sie noch in einem guten technischen Zustand sind. Viele Menschen werden sich gar kein Auto mehr kaufen. Die Auto-Produktion wird zurückgehen, freigestellte Mitarbeiter können sich dank des Grundeinkommens ohne staatliche Unterstützung einen anderen Arbeitsplatz suchen. Mit einer solchen Systemänderung lässt sich der CO_2-Ausstoß zwar nicht auf 0 reduzieren, aber wenigstens wäre ein Selbstregelungsmechanismus geschaffen, der zu einer Verringerung des CO_2-Ausstoßes beiträgt. Ein kompletter Rückschritt in ein vorindustrielles Leben scheint mir unmöglich. So wie man die riesigen Kräfte nicht steuern kann, die an einem Ort der Erde das Land anheben und zu einem Gebirge auffalten, so wird man nicht verhindern können, dass die Menschen das machen, was möglich ist, und was ihnen vermeintlich einen Nutzen bringt. Der Schaden, den sie verursachen, liegt viel zu weit in der Zukunft und trifft vorerst nicht die, die den Nutzen haben. Damit wird alles, was heute zum Schutz des Klimas getan wird, mehr oder weniger zu Aktionismus. Sollen wir deshalb abwarten, was passiert? Vielleicht erfindet in naher Zukunft jemand eine Methode, den Kohlenstoff aus der Luft heraus zu holen und ihn irgendwo zu speichern. Und er findet jemanden, der dies auch finanziert. Mir kommt die Hoffnung auf neue Technologien vor wie die Rechnung mit einem Perpetuum Mobile. Das gibt es bekanntlich nicht. Was ist in einigen hundert Jahren, wenn die fossilen Energieträger aufgebraucht sind? Dann kann der Mensch kein CO_2 mehr in die Atmosphäre blasen. Und wenn man sich die wissenschaftlichen Ausführungen in Wikipedia zur Luftzusammensetzung vor dem Karbon-Zeitalter anschaut, dann sieht es nicht so aus, als ob die Menschen nach dem Verbrennen der letzten Kohle keine Luft mehr zum Atmen hätten. Klimaereignisse werden extremer. Wovor speziell wir Europäer wirklich Angst haben müssen, ist der Anstieg des Meeresspiegels, was Flüchtlingsströme ungeahnten Ausmaßes auslösen kann.

Der Mensch macht halt das, was ihm möglich ist. Früher hatte z. B. der Bergmann einen großen Gemüsegarten und im Stall ein Schwein oder eine Ziege. Wenn er aus dem Arbeitsprozess ausschied, hatte er noch genug zu tun, und er starb vielleicht mit 68. Es wird als große soziale Errungenschaft angesehen, wenn er heute erst mit 90 stirbt, er für seine Ernährung keinen Gemüsegarten und keine

Haustiere mehr benötigt und sein Rentenalter trotzdem mit 65 Jahren beginnt. Was macht er mit seiner vielen freien Zeit? Er langweilt sich. Das beste Mittel gegen Langeweile sind Reisen. Der Wohlstand ist für breite Bevölkerungsschichten heute so groß, dass neben der vielen Zeit im Rentenalter auch noch genügend Geld zur Verfügung steht. Also reisen die heutigen Rentner wie die Weltmeister, fahren mit luxuriösen Kreuzfahrtschiffen auf den Weltmeeren umeinander und fliegen mit Flugzeugen rund um den Globus. Die Durchführung einer solchen Reise erfüllt sie mit Stolz. Sie berichten darüber, als hätten sie eine besondere Leistung vollbracht. Und je mehr solcher Reisen sie machen, um so höher ist ihr gefühlter Sozialstatus. Über die negativen Auswirkungen für die Luft, für die Weltmeere und für die vom Massentourismus geschundenen Orte spricht man nicht so gerne. Es wäre keine gute Idee, solche Reisen zu verbieten. Man müsste vielmehr einen Bewusstseinswandel herbeiführen. Das kann nur gelingen, wenn man die o. g. Langeweile beseitigen kann, z. B. durch eine deutliche Verlängerung der Lebensarbeitszeit. Warum soll nicht der, der es kann und will, bis zu seinem Tod berufstätig sein können? Zugleich kann man fragen, warum die Berufstätigen acht Stunden am Tag arbeiten müssen. Vier Stunden würden doch sicher auch ausreichen, um der arbeitenden Bevölkerung eine Struktur im Tagesablauf zu vermitteln? Zudem müsste man darüber nachdenken, ob es nicht Betätigungsfelder gibt, die attraktiver sind als das Reisen. Die Mitgliedschaft in Vereinen könnte eine solche Möglichkeit bieten. Ob man so etwas steuern kann, bleibt fraglich. Kurzfristig geht es allemal nicht.

Man müsste Kohle, Öl und Gas im Boden lassen. Weltweit! Doch das ist eine Illusion! Was bisher seitens der Politik für die Umwelt getan wird, ist ziemlich blinder Aktionismus. Die Einhaltung von Grenzwerten für den CO_2-Ausstoß oder für den weltweiten Temperaturanstieg ist ein frommer Wunsch. Am Ehesten kann man noch etwas bewirken, wenn es um die Vermeidung/Beseitigung von Müll geht. Hier können sogar Gesetze helfen wie das Verbot von Plastiktüten und Verpackungen. Der Kapitalismus hat zur Marktwirtschaft geführt und die Marktwirtschaft zu Materialismus und perversem Konsumverhalten. Die Marktwirtschaft aber ist ein starkes sich selbst regelndes System. Es gilt der Spruch des weisen Indianers, der gesagt hat "erst wenn der letzte Fisch gefangen und der letzte Wald gerodet wurde, wird der weiße Mann verstehen, dass man Geld nicht essen kann". Mit anderen Worten, wir müssen wohl warten, bis sich die Rahmenbedingungen der Marktwirtschaft ändern. Bis alle fossilen Brennstoffe und andere wichtige Rohstoffe verbraucht sind. Denn dass der Mensch mit Vernunft seine Bedürfnisse reduziert, ist sehr unwahrscheinlich. Müssen wir abwarten und auf die Methode des Wu Wei vertrauen?

Der Paradigmenwechsel

Wir haben erkannt, dass der Mensch mit seinem staatlich geförderten Konsumverhalten dabei ist, den Ast abzusägen, auf dem er sitzt. Wir haben - nicht zuletzt aufgrund der letzten Pandemie (Corona) - gelernt, dass Appelle an die Vernunft nicht geeignet sind, das Verhalten der Menschen zu ändern. Gleiches gilt für Verbote und Vorschriften. Im Kapitel über das Menschenbild haben wir nachgewiesen, dass der Mensch sich grundsätzlich am eigenen Nutzen orientiert. Er kann nachhaltig nur über Anreize gesteuert werden. Anreize sind Versprechen von Nutzen. Statt mehr Konsum ist mehr Sparsamkeit angesagt. Alles das, was der Mensch zum Leben braucht, soll ihm zu bezahlbaren Preisen zur Verfügung stehen, also Grundnahrungsmittel, Wohnen, Kulturgüter wie Theater, Konzert etc.. Diese Güter und Dienstleistungen schaden der Umwelt und dem Klima nicht. Alles, was dem Klima schadet, soll hoch besteuert werden. Das sind alle technischen Produkte sowie Energie verbrauchende Maschinen. Um dies zu gewährleisten, schlage ich folgende Maßnahmen vor:

- Jeder bekommt ab seiner Geburt vom Staat monatlich einen Betrag ausgezahlt, der es ihm ermöglicht, seine Grundbedürfnisse auf einfachem Niveau zu befriedigen. Dafür entfallen alle derzeit bestehenden Sozialleistungen. Um sich einen höheren Lebensstandard leisten zu können, darf jeder zu seinem Grundeinkommen hinzuverdienen, so viel er will und kann. Sein Grundeinkommen wird dadurch nicht tangiert. Es ist ein bedingungsloses Grundeinkommen (BGE).
- Die Arbeit wird nicht mehr besteuert. Die Lohn- und Einkommensteuer entfallen. Besteuert wird nur noch der Konsum über die Mehrwertsteuer.

Das Grundeinkommen wird über die Mehrwertsteuer finanziert. Wie hoch das Grundeinkommen sein soll, muss von dafür einzurichtenden Behörden festgelegt werden. Ebenso, ob Kinder den gleichen Betrag bekommen sollen, wie Erwachsene. Je höher das Grundeinkommen, desto höher muss die Mehrwertsteuer angesetzt werden. Wenn die Menschen weniger von den Produkten konsumieren, die mit hoher Mehrwertsteuer belegt sind (was ja angestrebt wird), dann muss entweder die Mehrwertsteuer weiter erhöht oder das BGE reduziert werden, damit der Staat seinen Finanzbedarf weiterhin decken kann. Die Einführung des BGE hat tiefgreifende Änderungen im Denken und Handeln der Menschen zur Folge. Die Bedeutung der Arbeit und die Bedeutung des Geldes werden sich ändern. Die Arbeit dient nicht mehr nur der Existenzsicherung sondern wird ein Mittel zur Selbstverwirklichung und Sinn-Findung sein. Keiner wird mehr sagen, er arbeite, weil er muss; es sei denn, er hat sich mit dem Kauf eines Hauses hoch verschuldet. Jeder, der es vorzieht, ausschließlich von seinem BGE zu leben, ist aus ökologischer Sicht ein Gewinn. Aber dazu wird es kaum kommen. Vielmehr wird die Arbeitszeit in Fertigungsbetrieben erheblich verringert, die Arbeitnehmer werden mehr Zeit haben für ihre Familie, für ihre Hobbys und für ehrenamtliche Engagements. Und die Lebensarbeitszeit wird verlängert. Jeder kann bis zu seinem Lebensende arbeiten, wenn er will und sein Arbeitgeber einverstanden ist. Prekäre Arbeitsverhältnisse wie im Onlinehandel, bei der Paketzustellung, in Schlachthöfen usw. wird es nicht mehr geben. Wenn die entsprechenden Arbeitgeber kein Personal finden, dann müssen sie eben eine höhere Vergütung anbieten. Das Geld wird an Bedeutung verlieren. Da das Arbeitseinkommen nicht besteuert wird, macht es keinen Sinn, es am Fiskus vorbei zu parken. Und da das BGE bis zum Lebensende bezahlt wird, muss man sich auch keine Sorge um die Versorgung im Alter machen. Man muss keine Lebensversicherung abschließen oder Erspartes in Fonds einzahlen, die mit fragwürdigen Methoden auf der Jagd nach Renditen sind.

Früher haben Kriege bewirkt, dass der Wohlstand der Bevölkerung nicht überhand nahm. Heute - so kann man es sehen - führen wir Krieg gegen die Umwelt. Da wir auf kurze Sicht die Gewinner sind, nimmt der Wohlstand ständig zu. Auf lange Sicht wird sich die Umwelt rächen und den Menschen das Leben sehr schwer machen. Was machen heute Menschen, die ein hohes Einkommen haben? Sie kaufen teure Autos, machen teure Reisen und wohnen in viel zu großen Häusern. Damit haben sie aber ihr Geld noch längst nicht ausgegeben. Was übrig ist, bringen sie zur Bank, in der Erwartung, dass es sich dort von selbst vermehrt. Menschen mit mittlerem Einkommen machen das Gleiche, außer dass sie kein oder weniger Geld für die Selbstvermehrung übrig haben. Und Menschen mit niedrigem Einkommen haben immer noch genug, um ein Auto zu fahren und weite Reisen zu unternehmen. Im Großen und Ganzen belasten alle drei Kategorien die Umwelt in gleichem Maße, wenn man den einzelnen Menschen betrachtet. Allerdings ist die Gruppe mit niedrigem Einkommen die größte und hat daher auch den größten Einfluss auf die Umwelt. Insgesamt verfügen die meisten Menschen über mehr Geld, als sie unbedingt zum Leben benötigen. Und sie machen damit Dinge, die die Umwelt schädigen. Es liegt also nahe, die Kaufkraft der Bürger zu reduzieren, um die Umwelt zu schonen und den Zeitpunkt in die Zukunft zu verschieben, an dem die Umwelt zurückschlägt. Wie könnte das funktionieren?

Mit Einführung der vorgeschlagenen Maßnahmen - BGE und Steuerbefreiung der Arbeit - müsste sich bei den Löhnen für die Arbeitnehmer nichts ändern. Sie bekommen den gleichen Betrag ausbezahlt, der heute als Nettolohn bezeichnet wird. Die Lohnsteuer fällt nicht mehr an. Das kommt einer Reduzierung der Lohnkosten gleich und kommt dem Arbeitgeber zugute. Der Arbeitnehmer bekommt den gleichen Betrag ausbezahlt wie heute auch, hat aber zusätzlich noch das BGE. Letzteres braucht er, um die erhöhte Mehrwertsteuer bezahlen zu können. An folgendem Rechenbeispiel sei das näher erläutert: Ein Alleinstehender mit heute 3.500 € brutto im Monat bekommt abzüglich der Steuer 2.965 € ausbezahlt. Auch nach der Umstellung bekommt er so viel ausbezahlt wie vor der Umstellung. Bei einem BGE von 1.000 € hat er also monatlich 3965 € zur Verfügung. Ein Ehepaar mit zusammen 7.000 € brutto bekommt 5.242 €. Mit BGE haben beide 7.242 € pro Monat. Wenn das Ehepaar Kinder hat, erhöht sich der Betrag entsprechend, denn die Kinder bekommen auch ein BGE. Die Personalkosten, die der Arbeitgeber zu tragen hat, sinken also um den Anteil, den die Lohn- und Einkommensteuer ausgemacht hat. Wie wirkt sich das nun auf die Preise aus? Angenommen ein Produkt kostet den Hersteller heute 100 € und er verkauft es am Markt für 200 €, dann beträgt der Preis inkl. 19% Mehrwertsteuer 238 €. Unter der Annahme, dass der Lohnsteueranteil an den Stückkosten 25 % ausmacht, kostet das gleiche Produkt nach der Umstellung nur noch 75 €. Er schlägt wieder 100 % auf und verkauft es netto für 150 €. Um den Preis für den Endkunden mit 238 € konstant zu halten, kann der Mehrwertsteuersatz auf 59 % angehoben werden. Nach dieser Rechnung bekommt der Staat die verlorene Lohnsteuer über die Mehrwertsteuer wieder herein, bei gleichem Preis wie vor der Umstellung. Nach dem gleichen Muster wird auch das BGE finanziert. Damit würde die Mehrwertsteuer möglicherweise auf über 100 % ansteigen, und der Preis für den Gegenstand entsprechend teurer. Die dahinter stehende Logik bedeutet, dass das BGE benötigt wird, um den höheren Preis für das Produkt zahlen zu können. Insofern spielt es auch keine Rolle, wie hoch das BGE angesetzt wird. Je höher es ist, um so höher muss die Mehrwertsteuer sein. Das BGE und damit auch die Mehrwertsteuer sollte jedes Jahr neu festgelegt werden.

Die Mehrwertsteuer kann als Steuerungsinstrument eingesetzt werden. Bei technischen Produkten wie Autos,

Kühlschränken etc. kann sie sehr hoch angesetzt werden, um den Verkauf und damit die Produktion niedrig zu halten, was der Umwelt zugute käme. Bei ungesunden Genussmitteln könnte sie ebenfalls sehr hoch angesetzt werden. Hier käme eine Reduzierung des Verkaufs der Volksgesundheit zugute. Bei Allem, was der Bauer im Land erzeugt (Grundnahrungsmittel), könnte der Staat auf die Mehrwertsteuer weitgehend verzichten. Damit könnte der Bauer seine Produkte konkurrenzlos verkaufen, wäre nicht mehr auf Agrarsubventionen angewiesen und müsste sich seine Preise nicht mehr von den Lebensmittelkonzernen diktieren lassen. Das was die Lebensmittelkonzerne erzeugen, wäre normal zu versteuern. Alle Dienstleistungen, die dem Vergnügen der Menschen dienen und die Umwelt nicht belasten, sollten nur moderat besteuert werden. Dazu gehören Restaurant-Besuche, Veranstaltungen aller Art und Inlands-Tourismus. Fernreisen und Kreuzfahrten sollten eingeschränkt und somit hoch besteuert werden. Somit wäre sichergestellt, dass Menschen, die kein Arbeitseinkommen haben, dennoch ihren Lebensunterhalt finanzieren können. Menschen mit geringem Arbeitseinkommen können sich allenfalls noch einen Gebrauchtwagen leisten und Urlaub im eigenen Land. Ziel dieser Maßnahmen ist es, die umweltschädlichen Aktivitäten der Menschen einzuschränken. Da sich diese von Jahr zu Jahr ändern können, sollten auch BGE und Mehrwertsteuersatz jährlich neu festgelegt werden.

Bei längerfristiger Betrachtung ist zu erwarten, dass die Löhne sich neu einpendeln werden. Arbeiten im unteren Lohnsektor werden wahrscheinlich teurer. Das ist zu erwarten z. B. bei den sozialen Berufen, wo heute Personalmangel herrscht. Im oberen Lohnsektor wird es umgekehrt sein. Da, wo kein Personalmangel herrscht, spielt der Familienstand des Arbeitnehmers eine Rolle. Ein Alleinstehender konkurriert hier mit einem Familienvater, dessen Haushalt über ein größeres BGE verfügt. Er wird mit einem geringeren Gehalt zufrieden sein, als der Alleinstehende. Insgesamt werden die Menschen so viel Einkommen zur Verfügung haben, wie heute auch. Aber sie müssen für vieles, was sie kaufen, mehr bezahlen. Andererseits brauchen sie sich für die Zukunft keine Sorgen mehr zu machen; denn ihr Existenzminimum ist durch das BGE gesichert. Wenn sie weniger arbeiten - statt 40 Stunden z. B. nur 20 Stunden pro Woche - dann wird ihr Arbeitseinkommen natürlich nur halb so hoch sein. Dafür haben sie aber mehr Freizeit. Sie können sich in Vereinen engagieren, mit Freunden zusammen sein und sich ihrem Hobby widmen. Dies wäre eine aus ökologischer Sicht gewünschte Entwicklung. Es sollte so sein, dass der gefühlte Wohlstand der Menschen gewahrt bleibt. Keiner soll sich ärmer fühlen, als er heute ist. Schließlich sollen die Steuereinnahmen des Staates vollständig von der Arbeit entkoppelt werden, so dass der Staat nicht mehr erpressbar ist, wenn Firmen Personal abbauen müssen.

Der Arbeitnehmer hätte an Freiheit dazu gewonnen. Er könnte viel einfacher als heute eine Auszeit nehmen. Die sogenannte innere Kündigung sollte es nicht mehr geben. Wer sich bei seinem Arbeitgeber schlecht behandelt oder unterbezahlt fühlt, der geht einfach und sucht sich ohne Druck einen neuen Job. Das Mobbing am Arbeitsplatz, welches vor Jahren bei schlechter werdendem Arbeitsangebot entstand, dürfte wieder verschwinden. Die Menschen arbeiten mit mehr intrinsischer Motivation, aus Freude an der Aufgabe, nicht weil sie müssen. Für Spitzenverdiener gibt es keinen Anreiz mehr, ihr Geld an der Steuer vorbei ins Ausland zu bringen. Denn der Erwerb von Geld wird ja nicht mehr besteuert. Geld hat erst dann einen Wert, wenn es zu Konsum wird. Es macht auch keinen Sinn mehr, Geld zu horten; denn durch das BGE habe ich ja immer genug zum Leben. Der Arbeitgeber muß keine Lohnsteuer mehr abführen. Die Umsatzsteuer fällt erst an, wenn er eine Leistung verkauft hat. Das bedeutet, Forschung und Ent-

wicklung werden billiger. Auch Vorlaufzeiten bis zum Anlaufen des Verkaufs werden billiger. Das unternehmerische Risiko sinkt. Im Vergleich zum bestehenden System gilt:
- Die Menschen werden freier und können mehr selbstbestimmt handeln. Existenzangst verliert an Bedeutung.
- Die Familiengründung wird erleichtert, Kinder sind kein Armutsrisiko mehr.
- Die Politiker müssen keine Angst vor Arbeitslosigkeit haben, denn die Steuern werden allein aus dem Konsum generiert, und Konsum wird es immer geben.
- Unsinnige Subventionen zum Erhalt von solchen Arbeitsplätzen, die keine Existenzberechtigung mehr haben, sind nicht mehr notwendig.
- Die Menschen werden vernünftiger und weniger verschwenderisch einkaufen. Damit wäre ein natürliches Korrektiv gegen unbegrenztes Wachstum geschaffen zum Nutzen unserer Umwelt.
- Produkte, die zu 100 % maschinell gefertigt werden, werden genau so besteuert, als wenn sie zu 100 % manuell gefertigt würden.
- Bei sinkenden Lohnkosten wird für viele Firmen der Anreiz entfallen, ihre Produktion ins Ausland zu verlagern.
- Um zu überleben, muss jeder konsumieren. Damit trägt jeder, auch wenn er neben dem BGE kein weiteres Einkommen hat, zur Finanzierung des Systems bei.

Ein Problem wurde noch gar nicht angesprochen: Die wachsende Weltbevölkerung. Jahrzehnte lang hat Europa im Bewusstsein christlicher Ethik mitgeholfen, dass auch in Entwicklungsländern die Kindersterblichkeit drastisch reduziert wurde. Heute sind wir besorgt, dass das Wirtschaftswachstum in diesen Ländern durch den Bevölkerungszuwachs im wahrsten Sinne des Wortes "aufgefressen" wird und dass die jungen Menschen aus den ärmeren Gegenden ins reiche Europa drängen. Kann man die Ethik, die unser Handeln bestimmt, aufgeben? Man sucht gerne die Schuld für Fehlentwicklungen bei Anderen, statt die Ursachen bei sich selbst zu suchen. Und man zeigt mit dem Finger auf Andere, insbesondere wenn es sich um Firmen handelt, welche die Umwelt schädigen. Dabei übersehen wir, dass wir alle es sind, die deren Produkte haben wollen und das zu einem möglichst geringen Preis.

Die vorgeschlagenen Maßnahmen sind geeignet, den Konsum umweltschädlicher Produkte einzuschränken. Der Klimawandel kann damit verlangsamt aber nicht gestoppt oder gar umgekehrt werden. Die Ursachen dafür werden auch in einigen hundert Jahren noch vorhanden sein. Eher kann es gelingen, mit den Folgen fertig zu werden. So wird immerhin schon Vorsorge getroffen, durch Anpflanzung resistenter Bäume den Wald zu erhalten, wenn das Klima heißer und trockener wird. Genau so sollte man sich schon heute damit beschäftigen, wie das Bevölkerungswachstum in den besonders geburtenstarken Ländern gesenkt werden kann. Und man sollte sich auf zukünftige Flüchtlingsströme vorbereiten. In früheren Zeiten haben Kriege und Seuchen die Menschheit dezimiert und das Wohlstandswachstum gebremst. Wenn wir verhindern wollen, dass nicht neue Katastrophen über die Menschheit herfallen, müssen wir unseren Verstand einsetzen und weltweit für mehr Bildung sorgen.

Gewinner und Verlierer

Wir haben im Kapitel *Das Menschenbild* herausgearbeitet, wie wichtig für jeden Einzelnen das Gefühl von Macht ist. Gewinner und Verlierer sind also diejenigen, die durch die Einführung des BGE Macht gewinnen bzw. verlieren. Allgemein kann man antworten, dass alle Bürger an Macht gewinnen, sie emanzipieren sich von der Obrigkeit. Die Obrigkeit, das sind die Arbeitgeber, die Verwalter der Arbeitslosigkeit (Bundesanstalt für Arbeit), Wohlfahrtsverbände, bestimmte politische Parteien, Steuerbehörden, Gewerkschaften u. a.. Gewinner sind wahrscheinlich auch verschiedene soziale Einrichtungen wie Pflegeeinrichtungen, Kindertagesstätten etc., da ihr notorischer Personalmangel reduziert würde. Als Gewinner sind auch Institutionen zu nennen, die zur Verwaltung des BGE neu gegründet werden müssen. Insbesondere bedarf es einer Einrichtung, die die Höhe des BGE ermittelt und laufend anpasst. Nachfolgend werden einige Institutionen aufgelistet, die von der Einführung des BGE betroffen sein werden:

Die Arbeitgeber profitieren, weil sie mit geringeren Lohnkosten rechnen können. Andererseits müssen sie sich mehr um die Belange der Arbeitnehmer kümmern, um sie zu halten. Existenzsichernde Gesetze wie Kündigungsschutz und Mindestlohn werden nicht mehr benötigt. Auch Leiharbeit wird nicht mehr benötigt. Bei unattraktiven Jobs muss ggf. die Vergütung heraufgesetzt werden, um genügend Mitarbeiter dafür zu finden. Die Flexibilität der Unternehmen hinsichtlich der Anpassung an die Marktgegebenheiten wird erheblich gesteigert.

- Die Arbeitsagenturen haben allenfalls als Vermittler von Arbeitsplätzen noch eine Existenzberechtigung. Als

94

Verwalter der Arbeitslosigkeit werden sie nicht mehr benötigt.

- Die SPD und auch die Linke sehen sich als Sachwalter des "einfachen Mannes". Sie haben dafür gesorgt, dass es alle möglichen Fördertöpfe gibt, die pauschal durch das BGE ersetzt werden. Ihr Einfluss wird sinken, falls es ihnen nicht gelingt, ihren Wählern einen spezifischen Nutzen zu vermitteln.
- Die Bereiche der Finanzämter, die mit der Lohn- und Einkommenssteuer zu tun haben, werden nicht mehr gebraucht. Die Bereiche, welche mit Umsatz- und Mehrwertsteuer zu tun haben, müssen wahrscheinlich aufgestockt werden.
- Die Gewerkschaften werden sich angesichts der wachsenden Zahl mündiger Arbeitnehmer neu orientieren müssen. Das BGE macht Streiks um höhere Löhne überflüssig.
- Altenpflege, Krankenpflege und frühkindliche Erziehung leiden heute unter Personalmangel aufgrund der geringen Vergütung. Es darf erwartet werden, dass diese Bereiche nach Einführung des BGE für viele Menschen attraktiver werden.
- Die Umwelt gehört auch zu den Gewinnern, denn die Konsumenten werden sparsamer einkaufen.

Die Personen und Institutionen, die durch das BGE an Einfluß verlieren, werden alles tun, um einen solchen Systemwechsel zu verhindern. Im Internet kann man nachlesen, dass nach Meinung der SPD das BGE im Kern unsozial sei, es sei ungerecht. Wie das? Unter den heutigen Sozialhilfeempfängern befinden sich gewiss viele, die nicht arbeiten wollen. Ist das nicht auch unsozial? Wenn nun alle Menschen ein BGE bekommen, dann ist doch das besonders sozial! Auch wenn viele dabei sind, die das BGE nicht benötigen. Sie bekommen es auch nur deshalb, weil es unsinnig wäre, eine Verwaltung zu unterhalten, die die Berechtigung zum Empfang des BGE zu prüfen hätte. Außerdem wäre dann das Grundeinkommen nicht mehr bedingungslos. Hier ein Zitat aus dem Internet:

Bislang gibt es einen Mindestlohn für Angestellte, aber kein Mindesteinkommen für Selbstständige. Das bedingungslose Grundeinkommen schließt diese "Gerechtigkeitslücke". Wenn die SPD sich also ernsthaft "erneuern" möchte, MUSS sie und ihre Wählerschaft mit alten Denkweisen Schluss machen und neue Wege beschreiten statt an aus der Zeit gefallenen Konzepten ewig festzuhalten oder daran "rumzudoktern". Das bedingungslose Grundeinkommen ist DIE rettende Idee in unserer ernsten Zeit.

Systeme sind schwerfällig wie Ozeanriesen. Sie haben ein ungeheures Beharrungsvermögen. Ozeanriesen haben wenigstens einen Kapitän, der rechtzeitige Maßnahmen zur Steuerung einleitet. Systeme haben das nicht. Frühe Anzeichen, die zu einer Kurskorrektur führen müssten, werden nicht erkannt, verschwiegen, unter den Teppich gekehrt. Erst wenn der Leidensdruck sehr groß ist, besteht Aussicht auf Veränderung. Warten wir also noch einige Zeit ab, bis wieder ein Konjunktureinbruch kommt, die Arbeitslosigkeit steigt, die Zahl der Rentner weiter steigt, die Zahl der Leistungsträger weiter sinkt und aufgrund des technischen Fortschritts die Lebenserwartung der Menschen noch größer wird. Dann kommt das BGE ganz von allein.

Nachwort

Die hier aufgeführten Maßnahmen, Vorschläge, Überlegungen stehen dem, was man üblicherweise in den Medien sieht und hört, krass entgegen. Die Bürger wollen mehr von dem, was sie schon haben. Umweltschutz soll bei den Produzenten vorgenommen werden. Und vielerorts baut man darauf, dass sich dereinst das CO_2-Problem durch technischen Fortschritt in Luft auflösen werde. Die Politiker, die sich solche Lebenslügen auf die Fahnen geschrieben haben, sind nicht zu beneiden. Die Wirklichkeit wird nicht so sein, wie man sie gerne hätte.

Ich gehöre zu der Generation, die noch die Kriegs- und Nachkriegszeit erlebt und in Erinnerung hat. Damals wurden die Bürger zum Sparen und zum vorsichtigen Umgang mit Ressourcen angehalten. Die Staatspropaganda richtete sich gegen jede Art von Verschwendung. Nichts wurde weggeworfen, alles wurde repariert. Es galt als große Sünde, Essbares verderben zu lassen. Der Mangel beherrschte die Gesellschaft. Die Arbeitslosigkeit war hoch, es herrschte Hunger aber es gab einen großen Zusammenhalt der Menschen untereinander. Man feierte viel im privaten Bereich und pflegte soziale Kontakte. Das änderte sich schlagartig im Sommer 1948 mit der Währungsreform. Plötzlich waren die Schaufenster der Geschäfte wieder voll mit Auslagen. Die Arbeitslosigkeit ging zurück und der Sozialneid gewann an Boden. Jeder wollte dem Nachbarn zeigen, was er hatte und was er sich leisten konnte. Die sozialen Kontakte erodierten, der Individualismus trat hervor. Die Staatspropaganda schaltete um von Sparen auf Konsumieren.

Nachdem dieser Text schon weitgehend fertig war, überraschte uns die Corona-Pandemie. Die staatliche Obrigkeit hat im Jahr 2021 nun schon zum dritten Mal das öffentliche Leben stillgelegt, mit weitreichenden Folgen für den

Tourismus, den Einzelhandel, die Gastronomie, den Kunstbetrieb und andere Dienstleister. Der Staat sah sich gezwungen, gigantische Schulden aufzunehmen, um die Einkommensverluste dieser Firmen und Selbständigen auszugleichen. Gäbe es ein BGE, wären diese Ausgleichsmaßnahmen kaum nötig.

Quellennachweis

Die in diesem Buch gemachten Aussagen basieren im Wesentlichen auf Veröffentlichungen in den Medien und Recherchen im Internet (Wikipedia u. a.). Aber auch Inhalte verschiedener Bücher haben hier Eingang gefunden. Wer mehr über die Funktionsweise des menschlichen Gehirns wissen möchte, dem sei das Buch "Selbst ist der Mensch" von Antonio Damasio empfohlen (Siedler Verlag 2011). Zum Menschenbild trugen bei:

Thomas Hardtmuth: Gesunder Menschenverstand oder Angst im Umgang mit Covid-19, aus Corona und das Rätsel der Immunität (Akanthos Akademie 2020)

Mihaly Csikszentmihalyi: Das Flow-Erlebnis (Klett Cotta 1993)

Will und Ariel Durant: Kulturgeschichte der Menschheit (Naumann & Göbel 1985)

Viktor E. Frankl: Das Leiden am sinnlosen Leben (Herderbücherei 1987)

Erich Fromm: Haben oder Sein (Deutscher Taschenbuch Verlag 1979)

Wolfgang Janke: Das Glück der Sterblichen (Wissenschaftliche Buchgesellschaft 2002)

Fritz Riemann: Grundformen der Angst (E. Reinhardt 1985)

Karen Armstrong: Die Geschichte von Gott (Pattloch Verlag 2012)

Hans Küng: Existiert Gott? (Piper & Co. 1978)

Udo Di Fabio: Die Kultur der Freiheit (C. H. Beck 2005)

Zur Zukunft der Arbeit: Orio Giarini/Patrick M. Liedtke: Wie wir arbeiten werden, Der neue Bericht an den Club of Rome (Hoffmann und Campe1997). Zur Umweltproblematik ist der Klassiker von Dennis Meadows zu nennen: Die Grenzen des Wachstums (Deutsche Verlagsanstalt Stuttgart 1972), und zum bedingungslosen Grundeinkommen der Klassiker von Götz W. Werner: Einkommen für alle (Kiepenheuer & Witsch 2007).

Zeitfracht Medien GmbH
Ferdinand-Jühlke-Straße 7
99095 Erfurt, Deutschland
produktsicherheit@kolibri360.de